Mario Klarer

Einführung in die anglistisch-amerikanistische Literaturwissenschaft

Mario Klarer

Einführung in die anglistisch-amerikanistische Literaturwissenschaft

Wissenschaftliche Buchgesellschaft

Für Bernadette Rangger

1. Auflage 1994
2., überarbeitete und erweiterte Auflage 1995
3., überarbeitete und erweiterte Auflage 1998

Die Deutsche Bibliothek verzeichnet diese Publikation
in der Deutschen Nationalbibliografie;
detaillierte bibliografische Daten sind im Internet über
http://dnb.ddb.de abrufbar.

4., überarbeitete und erweiterte Auflage

Einbandgestaltung: Neil McBeath, Stuttgart
Gedruckt auf säurefreiem und alterungsbeständigem Papier
Printed in Germany

Besuchen Sie uns im Internet: www.wbg-darmstadt.de

ISBN 3-534-13651-9

Inhalt

Vorwort zur vierten Auflage

Fast zehn Jahre nach Erscheinen der ersten Auflage und vier Jahre nach der englischen Übersetzung (London: Routledge 1999) liegt nun die *Einführung in die anglistisch-amerikanistische Literaturwissenschaft* im Layout der neuen Einführungsreihe der Wissenschaftlichen Buchgesellschaft vor. Diese vierte, überarbeitete und erweiterte Auflage folgt der ursprünglichen Grundkonzeption, wobei aber im gesamten Text Verbesserungen durchgeführt wurden. Neu gegenüber den vorherigen Ausgaben sind die Marginalglossen, die alle wichtigen Begriffe hervorheben und so den Band übersichtlicher und benutzerfreundlicher gestalten. Grundlegend neu konzipiert wurden die Kapitel „Wo und wie finde ich Sekundärliteratur?" und „Wie verfasse ich eine wissenschaftliche Arbeit?" Hier wurde auf den Umgang mit digitalen Medien näher eingegangen und der Aufbau von Seminararbeiten ausführlicher erläutert. Ebenfalls auf den neuesten Stand gebracht wurden die Vorschläge für weiterführende Literatur, die durch neueste anfängergerechte Publikationen ergänzt wurden. Trotz dieser Überarbeitungen wurde darauf geachtet, vom Seitenumfang im Rahmen der ersten Auflage zu bleiben, um so den Anspruch einer kompakten Überblicksdarstellung zu wahren.

Die vorliegende Einführung in das Fach der anglistisch-amerikanistischen Literaturwissenschaft richtet sich an Anfänger, die sich mit den Grundlagen des Studiums vertraut machen wollen. Der Text eignet sich als begleitende Arbeitsunterlage zu universitären Einführungslehrveranstaltungen und zum Selbststudium. Es werden wichtige Bereiche des Faches wie literaturtheoretische Positionen, Genres, die Hauptperioden der englischen und amerikanischen Literaturgeschichte, aber auch literaturwissenschaftliche Arbeitsmethoden sowie terminologische und bibliographische Grundlagen abgedeckt. Ziel war es, dem Studienbeginner ein erstes Rüstzeug vorzugeben, das überblicksmäßig informiert, ohne durch verfehlten Vollständigkeitsanspruch den Blick für das Grundlegende zu versperren.

Unterschiedliche Problemkreise und Fragestellungen des Faches werden im Überblick vorgestellt, wobei auf Verständlichkeit komplexer Zusammenhänge besonders geachtet wurde. Die Einführung soll Studienanfängern als allgemeine Grundlage für weiterführende spezifische Lehrveranstaltungen dienen. Besondere Aufmerksamkeit wurde literaturtheoretischen Fragestellungen und Strömungen geschenkt, um dem Anfänger angesichts des allgemeinen Trends in Richtung Theorie die Orientierung zu erleichtern. Der Text- und Literaturbegriff wurde bewußt weit gefaßt, wodurch häufig vernachlässigte Aspekte und Genres in die Besprechung miteinbezogen werden konnten. So flossen in die Analyse des Dramas neben der textlichen Dimension auch Regie und Aufführung als gleichwertige dramatische Komponenten ein. Darüber hinaus konnte die Gattung Film als

Medium, das in Wechselwirkung zur Textwissenschaft steht, in die Besprechung traditioneller Gattungen integriert werden. Den universitären Anforderungen entsprechend werden auch wichtige Grundlagen des literaturwissenschaftlichen Arbeitens wie computerunterstützte Literatursuche, Anwendung des MLA-Style-Sheets sowie allgemeine Konventionen bei der Abfassung wissenschaftlicher Arbeiten anhand konkreter Beispiele erläutert. Ein ausführliches Glossar textwissenschaftlicher Grundbegriffe dient zur übersichtlichen Kurzinformation oder als Überprüfungshilfe vor Klausuren.

Die Einführung ist im Dialog mit den Studierenden in Einführungskursen am Institut für Amerikanistik und am Institut für Vergleichende Literaturwissenschaft der Universität Innsbruck sowie in Lehrveranstaltungen in den English Departments der Columbia University (New York), University of Pennsylvania (Philadelphia) und der Universität Neuchâtel (CH) entstanden. Viele der Fragen und Problemkreise, die in diesem Rahmen aufgeworfen wurden, bestimmten Inhalt und Aufbau der vorliegenden Arbeit.

Neben den Teilnehmern dieser Veranstaltungen sei folgenden Personen für Anregungen und konstruktive Vorschläge bei der Überarbeitung des Textes herzlich gedankt: Sonja Bahn, Dietmar Felber, Monika Fludernik, Arno Heller, J. Paul Hunter, Ulrich C. Knoepflmacher, Wolfgang Koch, Christian Mair, Steven Markus, Monika Messner, Christian Quendler, Elliott Schreiber, Devin Stuart und Hilde Wolfmeyer. Bernhard Rangger und Claudia Schwarz haben mich beim Computer-Layout und Seitenumbruch des Textes sowie bei der Indexerstellung unterstützt. Für die Korrektur der Fahnen bin ich Susanne Mettauer sehr verbunden. Mein größter Dank gilt wieder Bernadette Rangger für ihre kontinuierliche Hilfe bei der inhaltlichen Überarbeitung des Manuskripts und für ihre Präsenz.

Wichtige Begriffe, die am Rand in den Marginalglossen aufscheinen, sind im Glossar in alphabetischer Reihenfolge erfaßt und kurz erklärt. Ausgenommen davon sind die beiden Kapitel über Literatursuche und Verfassen einer Arbeit, in denen die Randbemerkungen ausschließlich als Orientierungshilfe gedacht sind und im Glossar nicht aufscheinen. Im Register wurden sowohl deutsche als auch die wichtigsten englischen Begriffe berücksichtigt. Damit ist ein Zugriff auf die Fachterminologie beider Sprachen gewährleistet.

Um Satzkonstruktionen nicht unnötig zu verkomplizieren, wurden auf Wunsch des Verlages im gesamten Text männliche Endungen und Pronomina für Begriffe wie Autor, Leser, Künstler etc. verwendet, stehen aber – falls nicht anders gekennzeichnet – für beide Geschlechter.

Innsbruck, im September 2003 Mario Klarer

I. Was ist Literatur bzw. ein Text?

Literaturbegriff

Schlägt man in einer gängigen Enzyklopädie den Begriff Literatur nach, so wird bald klar, daß dieses vielstrapazierte Wort vage verwendet wird und die Definitionsversuche wenig aussagekräftig sind. In den meisten Fällen ist Literatur als Gesamtheit schriftlichen Ausdrucks erklärt, jedoch mit der Einschränkung, daß nicht jedes schriftliche Dokument zur Literatur im engeren Sinn gezählt werden kann. Definitionen von Literatur verwenden daher meist Adjektive wie „ästhetisch" oder „schöngeistig", um literarische Texte von sogenannten Gebrauchstexten wie Telefonbüchern, Zeitungen, Akten, aber auch von wissenschaftlichen Werken abzugrenzen.

Textbegriff

Etymologisch (dem Wortursprung nach) kommt das lateinische Wort „litteratura" von „littera" (Buchstabe), jener kleinsten Einheit also, aus der unsere Schrift aufgebaut ist. Das Wort Text hingegen ist mit unserem Wort „Textil" verwandt und bedeutet soviel wie Gewebe: analog zum Geflecht von Fäden, durch die ein Stoff oder Tuch aufgebaut ist, wird der Text als sinnvolles, zusammenhängendes Geflecht von Wörtern und Sätzen aufgefaßt. Die Herkunft der beiden zentralen Begriffe der Literaturwissenschaft gibt also kaum Aufschluß über das Wesen des Literarischen bzw. Textlichen.

Ergiebiger ist es, Literatur oder Text als historisches Phänomen anzusehen und die Grundlagen literarischer Produktion zu betrachten. Ist auch das schriftliche Medium im Vordergrund, steht das Literarische dennoch in enger Wechselwirkung zu anderen Medien wie Bühne, Malerei, Film oder Musik. Ein Grundzug literarischen Schaffens ist sicherlich der menschliche Wunsch, mit Hilfe eines schöpferischen Ausdrucks eine Spur von sich zu hinterlassen, die losgelöst von einem bestimmten Individuum für sich selbst existieren kann und damit den Urheber dieses Ausdrucks überdauert. Früheste Manifestationen dieses kreativen Verlangens sind prähistorische Höhlenmalereien oder Ritzbilder, in denen „verschlüsselte" Information durch visuelle Zeichen weitergegeben wird. Diese visuelle Komponente bleibt eng mit Literatur in ihren unterschiedlichen historischen oder sozialen Erscheinungsformen verbunden, auch wenn die bildliche Dimension von Texten in manchen Epochen soweit in den Hintergrund tritt, daß sie kaum mehr wahrgenommen wird. Nicht nur das Visuelle – Schrift hat immer etwas Bildliches an sich – ist untrennbar mit Literatur oder Text verwoben, auch das gesprochene Wort oder vielmehr das akustische Element ist ein integraler Bestandteil von Literatur, da die alphabetische Schrift in der Regel Worte in Zeichen umsetzt.

oral poetry

Bereits vor der Entwicklung der Schrift als Zeichensystem in unserem heutigen Sinn (Bildzeichen oder Alphabet) wurden „Texte" in Form von mündlicher Überlieferung tradiert. Oft wird diese Vorform literarischen Ausdrucks als *oral poetry* bezeichnet, in welcher ein Barde oder Rhapsode einen auswendig gelernten Text in seinem Gedächtnis „gespeichert" hat und bei Bedarf abrufen und rezitieren kann. Es wird angenommen, daß der Großteil früher antiker und altenglischer Epen auf diese Weise entstanden ist und erst in einer zweiten Phase schriftlich fixiert wurde. Dieser für uns auf den ersten Blick fremden mündlichen Komponente von Literatur wird in unserem Jahrhundert besonders durch das Medium Radio und die Entwicklung unterschiedlicher Tonträger zu einer neuen Blüte verholfen. Audioliteratur ist ein deutliches Beispiel dieses Phänomens, aber auch Liedtexte u.ä. können als akustische Formen literarischer Texte verstanden werden.

visuelle Dimension von Texten

Neben der mündlich-lautlichen Dimension ist auch das visuelle Element literarischer Texte im Laufe der Geschichte immer mehr in den Hintergrund getreten. Der angedeutete Ursprung des Literarischen im Visuellen (Höhlenmalerei, Ritzzeichnungen) fand besonders im Mittelalter in Form von illuminierten (durch Malerei verzierten) Handschriften seine reichste Ausformung. Mit Beginn der Neuzeit – parallel zur Entwicklung des Buchdrucks – wird dieses visuelle Element immer mehr in den Hintergrund gedrängt und auf einige Illustrationen zum Text reduziert. „Reine" Schrift wird zusehends als abstraktes, unverfälschtes Medium stilisiert, dem keine körperlich-materiellen Elemente mehr anhaften. Die mittelalterliche Einheit von Wort und Bild, in der beide Grundkomponenten des Textes eine harmonische Einheit bilden und teilweise ineinander übergehen, verkümmert weitgehend. Dieser moderne Ikonoklasmus (Bilderfeindlichkeit) sieht in der Schrift ein Medium, das zudem ohne Bezug auf die akustische Realisierung von Sprache auskommt. Einzig im Drama lebt die Einheit von Wort und visuellem Ausdruck ungehindert weiter, wenn dies auch nicht auf den ersten Blick eindeutig ersichtlich ist. Die literarische Form des Dramas, die traditionellerweise ohne Zögern zur Literatur im engeren Sinn gezählt wird, verbindet beide als außerliterarisch betrachteten Elemente des Akustischen und Visuellen. Noch deutlicher als im Drama wird dieses Phänomen im Film, mit dem die Symbiose von Wort und Bild einen neuerlichen Höhepunkt erlebt. Gerade für Textwissenschaften wird dieses relativ junge Medium interessant, da hier Worte und Bilder dauerhaft fixiert und wie in einem Buch jederzeit wieder abgerufen werden können. Damit lassen sich Methoden der Literatur- und Textwissenschaft im engeren Sinn auch auf die neueren filmischen und akustischen Medien anwenden.

Das Durchdringen der neuzeitlichen Textwissenschaften durch ungewohnte Medien hat in der zweiten Hälfte des 20. Jahrhunderts zu einer massiven Auseinandersetzung mit dem Textbegriff geführt und viele Autoren und Künstler dazu bewogen, die Grenzen der althergebrachten Literatur bewußt zu verlassen, eingebürgerte Textauffassungen zu sprengen und neue Formen literarischen Ausdrucks zu suchen. Visuelle und akustische Elemente werden wieder in die Literatur eingebracht, aber auch Gattungen und Textsorten absichtlich vermischt.

1. Gattung, Textsorte und Diskurs

Ähnlich wie in der Biologie wird auch in der Literaturwissenschaft von Evolution oder Entwicklung bestimmter Formen bzw. von Klassifikationskriterien für unterschiedlichste Gattungen gesprochen. Ersteres wird allgemein als Literaturgeschichte, zweiteres als Poetik bezeichnet. Beide Forschungsgebiete sind fest mit unserer Fragestellung verknüpft, da jeder Definitionsversuch von Text oder Literatur unweigerlich Gattungsunterscheidungen und entwicklungsgeschichtliche Dimensionen von literarischen Gattungen berührt. Der Begriff Gattung (engl. *genre*) überschneidet sich oft mit den Begriffen Textsorte oder Genre.

Gattung

Häufig wird unter Genre oder Gattung eine der drei klassischen literarischen Formen Epos, Drama oder Lyrik verstanden. Verwirrend in dieser Klassifikation ist die Tatsache, daß auch das Epos in Versen verfaßt ist, aber nicht zur Lyrik gezählt wird. Der Grund liegt darin, daß das Epos aufgrund einiger struktureller Merkmale (wie Handlungsverlauf, Charakterpräsentation und Erzählperspektive) als Vorläufer des modernen Romans – also der Prosa – betrachtet wird. Diese alte Dreiteilung wird heute zwar noch häufig verwendet, angesichts der weitgehenden Verdrängung des Versepos (engl. *epic*) durch Prosaformen wie Roman (engl. *novel*) und Kurzgeschichte (engl. *short story*) haben sich im Englischen jedoch die Bezeichnungen *prose* (bzw. *fiction*), *drama* und *poetry* eingebürgert.

Textsorte

Neben den sogenannten Gattungen oder Genres, die jene allgemeinen Bereiche der traditionellen Literatur umfassen, hat sich unter dem Einfluß der Sprachwissenschaft (engl. *linguistics*) auch der Terminus Textsorte (engl. *text type*) als ein sehr viel weiterer Begriff etabliert. Die verstärkte Beschäftigung der Linguistik mit Texten, die nicht der kanonischen Triade von *prose, drama* und *poetry* zuzurechnen sind, hat die Literaturwissenschaftler dazu bewogen, sich mit früher als wertlos und literarisch uninteressant betrachteten Texten zu beschäftigen. Der Begriff Textsorte bezeichnet jegliche Arten von Gebrauchstexten wie Bedienungsanleitungen, Predigten, Todesanzeigen, Werbetexten und Katalogen bis hin zu wissenschaftlichen Abhandlungen, kann aber auch die oben genannten drei literarischen Hauptgattungen mit ihren Subgenres (Untergattungen) einschließen.

Diskurs

Ein weiterer Begriff, der in der neueren Fachliteratur, vor allem aber in theoretischen Abhandlungen über literarische Phänomene, in das Fachvokabular Eingang gefunden hat, ist der Diskurs (engl. *discourse*). Das Wort Diskurs wird inzwischen, ähnlich wie Textsorte, als Oberbegriff für jegliche Form klassifizierbaren sprachlichen Ausdrucks verwendet; d.h. als sehr brauchbare Worthülse für sprachliche Konventionen unterschiedlicher Gruppen, vor allem aber für inhaltliche oder thematische Gebiete. So spricht man z.B. von männlichen oder weiblichen, politischen, sexuellen, ökonomischen, philosophischen oder historischen Diskursen. Gemeint sind Erscheinungsformen sprachlichen Ausdrucks, die sich aufgrund von Inhalt, Lexis (Wortschatz), Syntax (Satzstellung) aber auch stilistischen und rhetorischen Elementen klassifizieren lassen. Bezieht sich der Begriff Textsorte eher auf schriftliche Texte, umfaßt Diskurs sowohl schriftliche als auch mündliche Sprachpraxis.

Stark verallgemeinernd kann man also davon ausgehen, daß Gattung meist auf die klassischen, von der literaturwissenschaftlichen Tradition anerkannten Formen literarischen Ausdrucks angewandt wird; Textsorte hingegen wird eher weiter gefaßt und beinhaltet auch „nicht-kanonische" – traditionell nicht zur Literatur im engeren Sinn gerechnete – schriftliche Texte; Diskurs ist schließlich der weiteste Begriff, der bevorzugt auf thematisch klassifizierbare schriftliche *und* mündliche Ausdrucksbereiche bezogen wird. Die Bedeutungen und Grenzen der genannten Begriffe sind jedoch keineswegs fixiert und unterliegen je nach Kontext, in dem sie erscheinen, großen Schwankungen.

2. Primär- und Sekundärliteratur

Primärliteratur: literarische Gattungen

In der Literaturwissenschaft wird neben den genannten Gattungen generell zwischen Primär- und Sekundärliteratur unterschieden. Diese Trennung, nach der im Idealfall das künstlerische Objekt (Primärliteratur) von der wissenschaftlichen Auseinandersetzung (Sekundärliteratur) unterschieden wird, hat sich weitgehend durchgesetzt. Primärliteratur (engl. *primary source*) umfaßt Werke unterschiedlicher literarischer Gattungen wie Gedichte, Romane, Epen, Kurzgeschichten u.ä.; jene Texte also, die traditionellerweise literaturwissenschaftlichen Analysen unterzogen werden.

Sekundärliteratur: Aufsatz Rezension Miszelle

Zur Sekundärliteratur (engl. *secondary source*) werden Aufsätze (engl. *article* oder *essay*), Rezensionen bzw. Buchbesprechungen (engl. *book review*) und sogenannte Miszellen (sehr kurze Aufsätze zu einem sehr eingegrenzten Thema; engl. *note)* gezählt, die vor allem in wissenschaftlichen Zeitschriften (engl. *journal*) veröffentlicht werden. Wie in allen anderen akademischen Forschungsbereichen erscheinen auch in der anglistisch-amerikanistischen Literaturwissenschaft regelmäßig Zeitschriften, in welchen neue Ergebnisse von Wissenschaftlern publiziert werden (vgl. dazu Kapitel V: Wo und wie finde ich Sekundärliteratur?). Aufsätze erscheinen

Sammelband

aber auch in sogenannten Sammelbänden (engl. *collection of essays* oder *anthology*), die meist von einem oder mehreren Herausgebern (engl. *editor*) zu einem bestimmten Thema zusammengestellt und publiziert werden. Wird ein solcher Sammelband zu Ehren eines bekannten Wissenschaftlers

Festschrift

herausgegeben, spricht man von einer Festschrift (engl. meist auch *festschrift*). Wissenschaftliche Arbeiten in Buchform, die *ein* bestimmtes Thema be-

Monographie

handeln, werden als Einzeldarstellungen oder Monographien (engl. *monograph*) bezeichnet. Der Großteil der Dissertationen und wissenschaftlichen Buchpublikationen im Umfeld der Universität gehört zu dieser Gruppe.

Inhaltlich wird an Sekundärliteratur der Maßstab der Wissenschaftlichkeit angelegt, d.h. Sekundärliteratur sollte jenen Kriterien entsprechen, die sich im Laufe der Zeit für den wissenschaftlichen Diskurs eingebürgert haben. Zu den wichtigsten Aspekten zählen Objektivität, Nachprüfbarkeit sowie Nachvollziehbarkeit der Thesen, Ergebnisse und Aussagen und deren Allgemeingültigkeit. Da die Interpretation von Texten immer subjektive Züge aufweist, können objektive Kriterien allerdings nur beschränkt aufrecht erhalten werden. Hier liegt der größte Unterschied zwischen Literaturwissenschaft und Naturwissenschaften, jedoch auch das kreative Potential dieses Forschungszweiges. Texte ermöglichen unter veränderten Blickwinkeln oder anderen methodischen Ansätzen immer wieder neue Interpretationsergebnisse. In bezug auf die Nachvollziehbarkeit gelten in der Literaturwissenschaft ähnlich strenge Regeln wie in den Naturwissenschaften. Gemeint ist hierbei, daß es für jeden Leser von Sekundärliteratur ersichtlich sein soll, aus welchen Primär- und Sekundärquellen zitiert oder paraphrasiert (zusammengefaßt) wurde. Natürlich werden trotz Befolgung dieser Kriterien weiterhin sehr unterschiedliche, subjektive Ansichten über ein und denselben Text bestehen bleiben, jedoch kann durch die wissenschaftliche Dokumentation der Quellen jeder Leser für sich selbst die Ergebnisse prüfen.

kritischer Apparat:

Fußnoten

Bibliographie

Aufgrund dieser Konventionen der Dokumentation haben sich in der Literaturwissenschaft einige formale Merkmale herausgebildet, die als kritischer Apparat bezeichnet werden und folgende Elemente umfassen: Fußnoten (engl. *notes* bzw. *footnotes*) als Anmerkungen zum Text oder als Hinweise auf weitere Sekundär- oder Primärliteratur, ein Literaturverzeichnis (engl. *bibliography* oder *list of works cited*) und eventuell ein Schlagwort- oder Personenregister (engl. *index*). Die Verwendung des kritischen Apparats in dieser Form war nicht immer mit wissenschaftlichen Arbeiten verbunden, hat sich aber in den letzten Jahrhunderten als eine Konvention dieser Diskursform herauskristallisiert (vgl. auch Kapitel VI: Wie verfasse ich eine wissenschaftliche Arbeit?).

Arten der Sekundärliteratur	**Publikationsorgane**
Aufsatz	Zeitschrift
Miszelle	Sammelband
Rezension	Festschrift
Forschungsbericht	Buch
Monographie	

Formale Aspekte der Sekundärliteratur	**Inhaltliche Aspekte**
Fußnoten	Objektivität
Bibliographie	Nachvollziehbarkeit
Index	Allgemeingültigkeit
Zitate	

Essay

Die strikte Trennung zwischen Primär- und Sekundärliteratur ist aber nicht immer leicht vorzunehmen. Ein historisches Beispiel, daß in früheren Epochen diese Einteilung nicht in der heutigen Form existiert hat, ist das Essay (engl. *essay*). Im Essay wurde ein klar umrissenes abstraktes oder theoretisches Thema in literarisch angehauchter Diktion (Sprache) behandelt. Diese im 18. Jahrhundert sehr beliebte Gattung zeichnet sich einerseits durch stilistische Merkmale der Primärliteratur aus, andererseits werden Themen und Fragestellungen in einer Art und Weise behandelt, wie sie für wissenschaftliche Werke typisch ist. Damit nimmt für heutige Begriffe das Essay eine Position zwischen diesen beiden Textsorten ein.

Vermischung von Primär- und Sekundärliteratur

Im 20. Jahrhundert wird die traditionelle Unterscheidung zwischen Primär- und Sekundärliteratur immer wieder bewußt übergangen. Ein bekanntes Beispiel aus der englischsprachigen Literatur ist hierfür T.S. Eliots (1888-1965) modernistisches Gedicht *The Waste Land* (1922), in welchem der bekannte amerikanische Lyriker Fußnoten (d.h. ein Element der Sekundärliteratur) in einen Primärtext einbaut. Diese Stilmittel werden in der zweiten Hälfte des 20. Jahrhunderts in der Strömung des sogenannten Postmodernismus (vgl. Kapitel IV: Epochen der anglo-amerikanischen Literatur) noch verstärkt und gehen nun in beide Richtungen. Nicht nur literarische Texte werden oft bewußt mit Elementen der Sekundärliteratur angereichert, auch die Sekundärliteratur übernimmt vermehrt Züge der Primärliteratur (z.B. kein kritischer Apparat oder ein bewußt literarischer Stil), so daß eine strikte Trennung zwischen diesen beiden Textsorten heute nicht immer leicht durchzuführen ist.

Vladimir Nabokovs (1899-1977) Roman *Pale Fire* (1962) gilt als *das* Beispiel für die absichtliche Verwischung der Textsortenzugehörigkeit in der amerikanischen Literatur. *Pale Fire* besteht sowohl aus Teilen, die zur Primärliteratur (Text eines Gedichts) gezählt werden, aber auch aus Abschnitten, die normalerweise nur in einer wissenschaftlichen Abhandlung oder einer kritischen Textausgabe zu finden sind wie ein "Foreword" des Gedicht-Herausgebers, ein "Commentary" mit stilistischen Analysen, textkritische Anmerkungen sowie ein "Index" der im Gedicht vorkommenden Personen. Nabokov stellt in dem (fiktiven) Vorwort, das von dem (fiktiven) Literaturwissenschaftler Charles Kinbote unterzeichnet ist, das Gedicht des (fiktiven) Autors Francis Shade vor. Nabokov schreibt damit einen Roman, der von der Form her wie eine kritische Textausgabe eines literarischen Werkes aufgebaut ist, in dem ganz klar zwischen literarischem Text und wissenschaftlichem Kommentar bzw. Interpretation unterschieden wird. Im Fall von *Pale Fire* stammen jedoch alle diese verschiedenen Textsorten vom Autor Vladimir Nabokov selbst, der damit auf die Willkür dieser künstlichen Unterscheidung von Primär- und Sekundärliteratur aufmerksam machen will. Durch die Tatsache, daß dieser Text als Roman bezeichnet wird, obwohl eigentlich ein Gedicht im Mittelpunkt steht, werden zusätzlich traditionelle Gattungsunterscheidungen ad absurdum geführt.

II. Theoretische Ansätze in der Literaturwissenschaft

Ebenso wie die Einteilungsversuche von Gattungen und Textsorten sind auch die Herangehensweisen an literarische Texte von unterschiedlichen Beweggründen und Ansätzen geprägt. In der Folge soll nun gezeigt werden, daß die Art und Weise, in der sich die Literaturwissenschaft (engl. *literary criticism* bzw. *literary studies*) mit Texten beschäftigt, durchaus in Wechselwirkung mit dem jeweiligen institutionellen und kulturhistorischen Umfeld steht. Die verschiedenen Strömungen können sowohl geschichtlich aufeinander folgen, als auch nebeneinander als konkurrierende Schulmeinungen existieren. Die wissenschaftliche Auseinandersetzung mit literarischen Texten umfaßt eine Reihe von Bereichen, die teilweise ineinanderwirken und sich gegenseitig ergänzen, beinhaltet aber auch Ansätze, die von ihren Prämissen her kaum miteinander vereinbar sind. Diese Vielfalt an konkurrierenden Methoden, die die zeitgenössische Literaturwissenschaft charakterisiert, macht es notwendig, sich zumindest mit den wichtigsten Strömungen und ihren Grundaussagen vertraut zu machen.

Literaturwissenschaft

Historisch gesehen hat sich die systematische Beschäftigung mit Texten aus dem religiös-magischen und dem juridischen Bereich entwickelt. Im Umfeld der Magie und Religion hat man sich sehr früh mit der Fixierung und Auslegung von „Texten" im weitesten Sinn des Wortes befaßt. Am Beginn dieser Auseinandersetzung mit Texten steht die Auslegung von Orakelsprüchen und Träumen, deren Grundstrukturen später in der Beschäftigung mit den heiligen Schriften der großen Religionen weiterleben. Die Mechanismen, die dabei wirken, werden im Fall des Orakels am deutlichsten sichtbar. Hier empfängt eine in Trance oder Ekstase versetzte Person (Medium) von einer göttlichen Instanz verschlüsselte Informationen über zukünftige Ereignisse. Diese Aussagen wurden in Verse gefaßt, da durch Reimschema der Wortlaut einer Aussage nicht so leicht verändert werden kann wie im Fall eines Prosatexts. Es konnte also eine mündliche Aussage durch Reim und Metrum quasi textlich „gespeichert" und später in unveränderter Form „wieder abgerufen" werden. Wichtig als Vorläufer für literaturwissenschaftliche Phänomene ist, daß der Wortlaut des Spruchs als feststehender „Text" interpretiert oder ausgelegt werden konnte. Bekannteste Beispiele sind die verschiedenen Interpretationsmöglichkeiten von Orakelsprüchen in den *Historien* (5. Jh. v. Chr.) des antiken Autors Herodot (ca. 480-425 v. Chr.).

religiös-magischer Ursprung von Interpretation

Die Deutung von verschlüsselter Information in einem Text wird in allen großen Religionen wichtig, wobei meist die Auslegung oder Exegese kanonischer (d.h. als heilig betrachteter) Schriften wie z.B. der Bibel, des Koran oder anderer „Heiliger Bücher" im Mittelpunkt steht. Wie beim Traum oder

Orakel wird die zu interpretierende Aussage auf eine höhere Instanz (Gottheit) zurückgeführt, wodurch diesem „Text“ ein ganz besonderer Stellenwert zukommt. Wichtig dabei ist – und das ist ein zentraler Aspekt jeder Interpretation literarischer Texte –, daß es sich um eine verschlüsselte Information handelt, die erst über den Umweg der Auslegung oder Interpretation erfahrbar und sinnvoll wird. Dieser religiös-magische Ursprung der Textwissenschaft zieht sich von vorschriftlichen Epochen bis in die zeitgenössische Theologie und hat über die Bibelwissenschaft immer wieder großen Einfluß auf die Literaturwissenschaft ausgeübt.

juridischer Diskurs und Interpretation

Neben dem religiös-magischen Bereich bzw. teilweise unter dessen Einfluß hat auch der juridische Diskurs auf die Textwissenschaften eingewirkt. Ganz ähnlich wie in der Religion ging in der Rechtssprechung die Fixierung eines Gesetzestextes seiner Auslegung voraus. Der juridische Text ist wie der religiöse ein verschlüsselter, der aufgrund seiner allgemeinen Ausrichtung immer auf die jeweilige Situation abgestimmt und interpretiert werden muß. Die Tragweite dieser Texte brachte es mit sich, daß man sich sehr eingehend mit ihnen beschäftigt hat. Auch heute noch ist die Auslegung von Rechtstexten eine jener Formen der Interpretation, mit der sich große Teile der Bevölkerung häufig konfrontiert sehen. Da alle großen Religionen auch legistische Elemente miteinschließen (Mosaisches Gesetz, Koran als Gesetzbuch), kommt es hier zu Überschneidungen des religiösen mit dem juridischen Diskurs. Bibelwissenschaft und Gesetzesauslegung sind immer schon in direkter Wechselwirkung zur Literaturwissenschaft gestanden und haben sich gegenseitig beeinflußt.

Interpretation und Exegese

Aus diesen zwei Textwissenschaften hat die Literaturwissenschaft Interpretation (engl. *interpretation*) als zentralen Begriff und wichtigsten Aufgabenbereich übernommen. Die Exegese (engl. *exegesis*) oder Auslegung religiöser und juridischer Texte ging davon aus, daß die Bedeutung des Textes nur durch den Vorgang des Interpretierens ermittelt werden kann.

Hermeneutik

In der Bibelwissenschaft wurde für diesen Vorgang der Begriff Hermeneutik (von griech. Auslegung, Erklärung; engl. *hermeneutics*) verwendet, der in den letzten Jahrhunderten verstärkt auch auf literaturwissenschaftliche Praxis bezogen wird. Da über Wesen und Anwendung von Textinterpretation innerhalb der Literaturwissenschaft sehr unterschiedliche Meinungen herrschen, muß zwischen einer Reihe literaturtheoretischer Strömungen bzw. methodischer Ansätze unterschieden werden.

Literaturtheorie

Obwohl jede akademische Disziplin versucht, ihre wissenschaftliche Tätigkeit mit Begriffen wie Allgemeingültigkeit, Objektivität, Wahrheit, Nachvollziehbarkeit u.ä. zu definieren und zu legitimieren, unterliegen die verschiedenen Wissenschaftsbereiche dennoch einer Reihe von variablen Faktoren wie Weltanschauungen, Ideologien, politischen Umständen und Moden. Gerade die Geisteswissenschaften und unter ihnen besonders die Literaturwissenschaft zeichnen sich durch eine Vielfalt von Zugängen, Ansätzen und Methoden aus. Innerhalb der Literaturwissenschaft hat sich unter dem Einfluß der Philosophie die Literaturtheorie (engl. *literary theory*) als eigenständige Disziplin entwickelt, die sich mit wissenschaftstheoretischen Fragestellungen beschäftigt. Während die Literaturwissenschaft oder

Literaturkritik vor allem Primärwerke interpretiert oder bewertet, versucht die sogenannte Literaturtheorie, Verfahrensweisen der Literaturwissenschaft und der Literatur selbst zu analysieren. Die Literaturtheorie ist somit jene Teildisziplin der Textwissenschaften, die sich mit den wissenschaftstheoretischen und philosophischen Grundlagen der eigenen Disziplin befaßt.

vier Dimensionen literaturtheoretischer Ansätze

Aus der Vielfalt von Interpretationsmöglichkeiten lassen sich vier grundlegende literaturtheoretische Ansätze herausarbeiten, die sich als Raster zur Einordnung und Erklärung der unterschiedlichen Strömungen eignen. Je nach Schwerpunktsetzung spricht man in der Literaturwissenschaft von text-, autor-, leser- oder kontextorientierten Ansätzen. Folgende literaturtheoretische Schulen bzw. Strömungen können diesen vier grundlegenden Ansätzen zugeordnet werden:

Text
Philologie
Rhetorik
Formalismus und Strukturalismus
New Criticism
Semiotik und Dekonstruktion

Autor	**Leser**
Biographische Literaturwissenschaft	Rezeptionstheorie
Psychoanalytische Literaturwissenschaft	Rezeptionsgeschichte
Phänomenologie	Reader-Response-Criticism

Kontext
Literaturgeschichte
Marxistische Literaturwissenschaft
Feministische Literaturwissenschaft
New Historicism und Cultural Studies

textorientierte Ansätze

autororientierte Ansätze

leserorientierte Ansätze

kontextorientierte Ansätze

Im sogenannten textorientierten Ansatz werden besonders Fragen der Textkritik (philologische Manuskripteditionen), der Stilistik (Erzähltechnik) und des formalen Aufbaus (Erzählstruktur) betont. Die autororientierten Richtungen lenken das Hauptaugenmerk auf den Autor, um Zusammenhänge zwischen dem Werk und der Biographie, neuerdings auch oft dem Geschlecht eines Autors bzw. einer Autorin zu analysieren. In leserorientierten Herangehensweisen steht die Rezeption des Textes durch die Leserschaft bzw. die Wirkung eines literarischen Werkes im Mittelpunkt. Der kontextorientierte Ansatz versucht hingegen, einen literarischen Text vor dem Hintergrund historischer, sozialer oder politischer Entwicklungen zu betrachten, wobei gattungsgeschichtliche und literaturhistorische Einordnungen vorgeschlagen werden, aber auch motiv- und sozialgeschichtliche Analysen zur Anwendung kommen.

Es handelt sich bei diesem Unterteilungsversuch um eine Reduktion sehr komplexer Theorien auf vereinfachte Grundmuster. Die vorliegende Einteilung soll eine Grundstruktur textwissenschaftlicher Ansätze widerspiegeln, anhand derer sich unterschiedliche Strömungen und Schulbildungen verschiedener historischer Epochen, aber auch die ihnen zugrundeliegenden ideologischen Überzeugungen gliedern lassen. Diese Einteilung darf aber nicht darüber hinwegtäuschen, daß keine literaturwissenschaftliche Richtung ausschließlich einem einzigen Ansatz zugeordnet werden kann. Trotz Überlagerungen und Kombinationen steht aber immer *ein* Aspekt bzw. *ein* methodischer Ansatz im Mittelpunkt des Interesses einer Strömung. Diese Schwerpunkte werden im folgenden Überblick als Unterscheidungskriterien verschiedener literaturwissenschaftlicher Schulen herausgearbeitet und analysiert.

1. Textorientierte Ansätze

werkimmanente Ansätze

Als Anknüpfungspunkt an die eingangs erwähnten Wurzeln der Textwissenschaft bieten sich jene Strömungen an, die als textorientierte oder werkimmanente Ansätze (engl. *intrinsic approach*) zusammengefaßt werden können. Es handelt sich hierbei um den Bereich der Literaturwissenschaft, der die meisten Schulen und Strömungen hervorgebracht hat. Vereinfacht ausgedrückt steht in diesen Traditionen das literarische Werk in seiner *textlichen* Erscheinung im Mittelpunkt. Außertextliche Faktoren bezüglich Autor (Biographie, Gesamtwerk), Publikum (Klasse, Geschlecht, Alter, ethnische Zugehörigkeit, Bildung) oder Kontext (historische, soziale oder politische Umstände) werden bewußt ausgeklammert. Natürlich ist der Text in jeder literaturwissenschaftlichen Richtung der eigentliche Ausgangspunkt der Analyse, jedoch haben in den anderen drei genannten Ansätzen außertextliche Phänomene wie biographische Informationen zum Autor, Probleme der Rezeption und ähnliche, nicht direkt mit dem Text verbundene Fragestellungen oft das Übergewicht. Die textorientierten Traditionen stellen den Text an sich und insbesonders seine formalen Besonderheiten in den Mittelpunkt der Analyse. Dabei betont die traditionelle Philologie „materielle" Elemente der Sprache, während Rhetorik und Stilistik an übergreifenden Bedeutungs- und Sinnzusammenhängen interessiert sind. Die formalistisch-strukturalistischen Schulen (Russischer Formalismus, Prager Strukturalismus, New Criticism, Semiotik und Dekonstruktion) versuchen dagegen, größere allgemeine Grundmuster von Texten bzw. das Wesen des Literarischen zu erfassen.

a) Philologie

Philologie

Unter dem Begriff Philologie (engl. *philology*) versteht man den Zweig der traditionellen Literaturwissenschaft, der sich besonders mit Problemen der Edition und Textrekonstruktion beschäftigt. Die Philologie, die ihren Aufschwung mit der Wiederentdeckung antiker Schriftsteller, dem Aufkommen des Buchdrucks in der Renaissance sowie dem Wunsch nach korrekten Textausgaben nahm, hat sich als dominanteste literaturwissenschaftliche Richtung bis ins 19. Jahrhundert gehalten. In direkter Wechselwirkung mit den aufkommenden Naturwissenschaften versuchten die philologischen Ansätze, empirisch-positivistische Methodik auf die Literaturwissenschaft zu übertragen. Resultate dieser Gesinnung sind zum Beispiel die umfangreichen Konkordanzen (alphabetische Wortlisten) des 18. und 19. Jahrhunderts, die die exakte Frequenz und Verwendung des Wortschatzes eines Autors dokumentieren. Hierbei werden alle Wörter, die z.B. im Gesamtwerk Shakespeares auftauchen, alphabetisch geordnet und deren Verwendung in den Dramen und Gedichten genau belegt. Die Konkordanzen stellen eine extreme Entwicklung dieser empirischen Richtung der Philologie dar, die heute durch die Computertechnologie einen erneuten Aufschwung erlebt. Die Möglichkeit, große Textmengen wie das Gesamtwerk einzelner Autoren oder Texte ganzer Epochen (wie z.B. der *Thesaurus Graecae Linguae*, der alle Texte der griechischen Antike auf einer CD-ROM speichert) auf elektronische Datenträger zu übertragen, lädt zu computerisierten Wortfrequenzanalysen und ähnlichen quantitativ-statistischen Untersuchungen geradezu ein.

Texteditionen

Die Materialität des Textes kann immer wieder in den Vordergrund literaturwissenschaftlichen Interesses treten, wie die Diskussion um die textliche Zuverlässigkeit der allgemein gebräuchlichen Ausgaben von James Joyces (1882-1941) *Ulysses* (1922) gezeigt hat. Verschiedene miteinander konkurrierende Joyce-Ausgaben, die sich jeweils als definitiver Text verstanden, haben Mitte der achtziger Jahre das Interesse an Fragen der Textedition neu belebt.

b) Rhetorik und Stilistik

Rhetorik

Neben editorischen Problemen stehen Form (Textstruktur, Erzählstruktur, Erzählperspektive, Handlungsverlauf) und Stil (rhetorische Figuren, Wortwahl, Satzstellung, Metrum) im bevorzugten Interesse textorientierter Richtungen. Die Rhetorik (engl. *rhetoric*) war neben der Theologie fast zwei Jahrtausende die dominante textwissenschaftliche Disziplin. Der öffentlichen Rede wurde in der Antike größte Bedeutung zugesprochen, was dazu führte, daß eine Reihe von Regeln und Techniken des erfolgreichen Sprechens in der Rhetorik zusammengefaßt wurde. Obwohl die Rhetorik dazu konzipiert war, Politiker so auszubilden, daß sie die Massen überzeugend zu beeinflussen wußten, entwickelte sie sich bald – ähnlich wie die Bibel- und Gesetzeswissenschaft – zu einer theoretisch-akademischen Disziplin. In ihrem Versuch, Elemente menschlicher Rede systematisch zu erforschen und zu klassifizieren, schuf die Rhetorik die Basis der heutigen Sprach- und Literaturwissenschaft.

Bereiche der klassischen Rhetorik:

inventio
dispositio
elocutio
memoria
actio

Die Rhetorik war anfänglich sehr praxisorientiert und präskriptiv (vorschreibend), indem sie sich hauptsächlich als Vermittlerin von Leitsätzen des guten Sprechens verstand, die für jede Phase der Texterstellung fixe Regeln anbot: die *inventio* (das Finden von Themen), die *dispositio* (die Ordnung des Materials), die *elocutio* (die Ausformulierung unter Zuhilfenahme von rhetorischen Figuren), die *memoria* (Technik der Erinnerung des Vortrags) und die *actio* (der Vortrag). Trotz der eigentlich präskriptiv-praktischen Ausrichtung gab es in der Rhetorik auch beschreibend-analytische (deskriptive) Elemente. Von Anfang an wurden konkrete Texte analysiert, um so auf allgemeine Regeln zur Abfassung eines „guten" Textes schließen zu können. In dieser theoretischen Auseinandersetzung mit Texten traten strukturelle und stilistische Elemente – also vor allem die *dispositio* und *elocutio* – immer mehr in den Vordergrund. Die heutige textorientierte Literaturwissenschaft baut auf diesen von der Rhetorik erfaßten Gebieten auf und bedient sich deren Terminologie.

Stilistik

Im 19. Jahrhundert entwickelte sich aus der an Bedeutung verlierenden Rhetorik die sogenannte Stilistik (engl. *stylistics*), die neben der Literaturwissenschaft auch in der Kunstgeschichte adaptiert wurde. Zur Beschreibung der stilistischen Eigenheiten individueller Autoren, ganzer Nationen oder gesamter Epochen wurden bevorzugt grammatikalische Strukturen (Wortschatz, Satzbau), klangliche Elemente (Sprachmelodie, Reim, Metrum, Rhythmus) und übergreifende Formen (rhetorische Figuren) von Texten zur Analyse herangezogen. Die Stilistik hat zwar in der zweiten Hälfte des 20. Jahrhunderts kurz eine Wiederbelebung erfahren, ihr eigentlich größter Beitrag zur neueren Literaturtheorie bestand aber in ihrer Vorreiterrolle in bezug auf die formalistisch-strukturalistischen Richtungen des 20. Jahrhunderts.

c) Formalismus und Strukturalismus

Formalismus
Strukturalismus

Unter den Begriffen Formalismus (engl. *formalism*) und Strukturalismus (engl. *structuralism*) werden im 20. Jahrhundert eine Reihe von Strömungen verstanden, deren Hauptanliegen auf das Studium des formalen und strukturellen Aufbaus literarischer Texte gerichtet sind. Diese intensive Beschäftigung mit den intrinsisch-strukturellen Aspekten eines Textes in der ersten Hälfte dieses Jahrhunderts ist als bewußte Abkehr von älteren Traditionen (besonders der biographischen Literaturwissenschaft des 19. Jahrhunderts) zu verstehen, die sich vor allem auf extrinsische (außertextliche) Faktoren konzentrierten. Die historisch aufeinanderfolgenden Schulen des Russischen Formalismus, Prager Strukturalismus, New Criticism und Poststrukturalismus zeichnen sich trotz unterschiedlicher Erscheinungsformen durch die weitgehende Ausklammerung inhaltlicher Fragen und einer Betonung der formal-strukturellen Dimension eines Textes aus.

Form-Inhalt
Dichotomie

Im allgemeinen philosophisch-ästhetischen Kontext bezeichnet „Form" meist die Beziehung zwischen verschiedenen Elementen innerhalb eines Systems. Die Frage nach „Form" und „Inhalt", die bereits in der antiken Philosophie problematisiert wurde, liegt diesem Ansatz zugrunde. Danach können Dinge in der Welt nur dadurch existieren, daß ungeordnete Materie durch Form eine Struktur erhält. Die Form fungiert sozusagen als Behälter, in dem Inhalt dargeboten wird. Dieses grundlegende Prinzip aus der Philosophie, wonach eine strukturelle Ebene von einer inhaltlichen getrennt wird, fand bereits in der Antike Eingang in die Literaturwissenschaft. So läßt sich z.B. Aristoteles' (384-322 v. Chr.) Auffassung von der determinierenden Funktion von Form über Materie mit literarischen Phänomenen in Deckung bringen, wenn er in seiner *Poetik* (4. Jh. v. Chr.) formale Schemata anwendet, um gattungsspezifische Merkmale des Dramas zu erklären. Mit dieser strukturellen Herangehensweise legte Aristoteles den Grundstein für formale Ansätze in der Literatur- und Sprachwissenschaft des

20. Jahrhunderts. Beziehen sich viele Richtungen der Literaturwissenschaft auf die inhaltliche Ebene eines Textes (das „Was?" eines Textes), konzentrieren sich Formalisten und Strukturalisten bewußt auf die Form (das „Wie?" eines Textes).

Russischer Formalismus

Mit dem Bemühen um eine Objektivierung des literaturwissenschaftlichen Diskurses versucht der Russische Formalismus (engl. *Russian Formalism*) während und nach dem Ersten Weltkrieg, „Literaturhaftigkeit" in den Vordergrund formalistischer Analysen zu stellen, oder wie Roman Jakobson (1896-1982) es ausdrückt: „Der Gegenstand der Literaturwissenschaft ist nicht die Literatur in ihrer Ganzheit, sondern die 'Literaturhaftigkeit', nämlich das, was ein gegebenes Werk zu einem literarischen Werk macht."[1] Im Zusammenhang mit der Suche nach typischen Merkmalen und Kennzeichen der Literaturhaftigkeit weist der Russische Formalismus Erklärungen zurück, die diese Merkmale im Geist des Dichters suchen oder sich auf Intuition, Einbildungskraft und Genius berufen. Der „morphologische Ansatz" der Formalisten vernachlässigt bewußt historische, soziologische, biographische oder psychologische Dimensionen des literarischen Diskurses und propagiert einen werkimmanenten Ansatz, der das Kunstwerk als eigenständige Einheit betrachtet. Anstelle der genannten traditionellen extrinsischen Herangehensweisen an literarische Texte werden im Russischen Formalismus phonetische Strukturen, Rhythmus, Reim, Metrum und Ton als eigenständige bedeutungstragende Elemente des literarischen Diskurses in den Mittelpunkt gestellt.

Literaturhaftigkeit

Verfremdung

Für Victor Shklovski (1893-1984) und eine Reihe von Formalisten bewirken diese genannten strukturellen Elemente in einem literarischen Text eine Verfremdung (engl. *defamiliarization*), indem sie dem Gewöhnungsprozeß der alltäglichen Sprache entgegenwirken und damit literarischen von nichtliterarischem Diskurs trennen. Der Roman *Tristram Shandy* (1759-1767) des Engländers Laurence Sterne (1713-1768) ist das klassische Beispiel, anhand dessen der Formalismus dieses Konzept der Verfremdung erklärt. Sternes Roman aus dem 18. Jahrhundert zeichnet sich durch eine Vielzahl von Verfremdungen der Gattung Roman aus. Er beginnt wie eine traditionelle Autobiographie, die das Leben des Protagonisten (Hauptperson) von seiner Geburt bis zu seinem Tod nacherzählt, konzentriert sich dann aber auf einen bestimmten Tag seines Lebens. Der Roman setzt auch nicht bei der tatsächlichen Geburt des Helden, sondern bereits mit dem Zeugungsakt ein. Des weiteren werden traditionelle Erzähl- und Handlungsstrukturen bewußt hervorgehoben und parodiert, indem das Vorwort und die Widmung des Romans in der Mitte des Textes erscheinen, oder die Kapitel 18 und 19 erst auf das Kapitel 25 folgen; Sterne fügt zudem Leerstellen in den Text ein, die vom Leser gefüllt werden müssen. Diese Elemente, die die Konventionen des Romans seiner Zeit parodieren, legen gleichzeitig dessen Strukturen offen und erinnern den Leser an die Künstlichkeit des literarischen Textes. In der modernen Literaturwissenschaft wird für diese Betonung des eigenen Mediums der Begriff Metafiktion („Schreiben über das Schreiben"; engl. *metafiction*) verwendet, wenn ein literarischer Text über die eigenen erzähltechnischen Elemente wie Sprache, Erzählstruktur und

Metafiktion

Handlungsverlauf reflektiert. Besonders postmoderne Texte des späten 20. Jahrhunderts zeichnen sich durch metafiktionale Züge aus.

Bertolt Brechts Verfremdungseffekt

Mit dem zentralen Begriff der Verfremdung nimmt der Russische Formalismus teilweise das Brechtsche Konzept des Verfremdungseffekts (engl. *alienation effect*) vorweg, das ebenfalls darauf abzielt, die „Künstlichkeit" eines Textes oder eines Kunstwerks durch selbstreflektierende Elemente hervorzuheben. Bei Bertolt Brecht (1898-1956) geht es dabei ähnlich wie im Russischen Formalismus darum, das Artifizielle des literarischen Diskurses bewußt zu machen. Besonders im Drama sollen Schauspieler und vor allem Zuschauer eine kritische Distanz zum Stück beibehalten. Das Publikum muß nach Brecht von Zeit zu Zeit an die Künstlichkeit der Aufführung als Illusion erinnert werden.

Vladimir Propps Charaktertypologie

Der Formalismus versucht auch, Elemente, die traditionellerweise der inhaltlichen Ebene zugerechnet werden, wie die Personen oder Charaktere eines Textes, strukturell zu analysieren. Die Charaktertypologie von Vladimir Propp (1895-1970), die eine begrenzte Zahl von Charaktertypen in literarischen Werken zusammenstellt, wird zu einer der einflußreichsten Beiträge des Russischen Formalismus für die allgemeine strukturalistische Theoriebildung des 20. Jahrhunderts. Ziel dieser Art der Analyse ist es, die Vielfalt der Erscheinungsformen literarischer Charaktere (fiktive Personen in literarischen Werken) auf eine begrenzte Zahl von Grundstrukturen (Agenten) zu reduzieren. Die Fülle empirischer Erscheinungsformen wird auf eine kleine Zahl abstrakter zugrundeliegender Typen zurückgeführt (z.B. Bösewicht, Geber, Helfer, Prinzessin, Held und falscher Held).

mythologischer Ansatz

Eine analoge Vorgangsweise kommt im sogenannten mythologischen Ansatz (engl. *myth criticism*) zur Anwendung, der ebenfalls inhaltliche Phänomene auf formale Grundstrukturen reduziert. Damit können wie in der Charaktertypologie Grundstrukturen eines Mythos (z.B. die Mutter-Sohn-Beziehung und der Vatermord im Ödipusmythos) als Tiefenstrukturen einer Vielzahl von Texten hervorgehoben werden. Bekanntestes und einflußreichstes Beispiel ist J.G. Frazers (1854-1941) umfangreiches Werk *The Golden Bough* (1890-1915), das versucht, die gemeinsamen Strukturen in den Mythen verschiedener historischer Epochen und geographischer Gebiete herauszuarbeiten. Eine konsequente Weiterführung der Charaktertypologie und der Frazerschen Mythenanalyse unternimmt in den sechziger Jahren die Strukturale Anthropologie des Franzosen Claude Lévi-Strauss (*1908), die ebenfalls auf mythologische Grundstrukturen zur Beschreibung und Analyse von Kulturen zurückgreift. Einen einflußreichen Beitrag für die Literaturwissenschaft leistete der mythologische Ansatz durch die Arbeiten von Northrop Frye (1912-1991), der mythologische Strukturen als eigentliche Basis der wichtigsten literarischen Genres annahm. Komödie, Romanze, Tragödie und Ironie (Satire) spiegeln nach Frye die ursprünglichen mythischen Strukturen der jahreszeitlichen Zyklen von Frühjahr, Sommer, Herbst und Winter.

Strukturale Anthropologie

C.G. Jungs Archetypen

Ähnlich arbeitet der archetypische Ansatz (engl. *archetypal criticism*), der auf der Tiefenpsychologie C.G. Jungs (1875-1961) basiert. Hier werden Texte auf kollektive Grundmotive der menschlichen Psyche reduziert, die allen Epochen oder Sprachen gemeinsam sind. Diese Archetypen stellen Urbilder des menschlichen Unterbewußtseins dar, die sich in ihrer Struktur in unterschiedlichen Kulturen und historischen Epochen nicht verändert haben und in Mythos und Literatur ständig verarbeitet werden (wie Mutterfigur, Schatten, Feuer, Schlange, Paradiesgarten oder Hölle). Wieder dient eine begrenzte Zahl von Grundkonstellationen (Archetypen als psychische Bilder) als strukturelles Erklärungsmodell beliebig vieler Texte.

Ein Beispiel für diesen Ansatz ist die Interpretation von E.A. Poes (1809-1849) Kurzgeschichte "The Cask of Amontillado" (1846) mit Hilfe kollektiver Urbilder. In dieser Geschichte berichtet Poe von einem Mann, der zur Zeit des Karnevals einen Bekannten zur Weinverkostung in ein Kellergewölbe lockt, um ihn dort lebendig einzumauern. Der überlistete Narr freut sich über den Wein und geht ohne Furcht lachend in seinen Tod. Betrachtet man die Bilder dieser Geschichte genauer, erkennt man, daß es sich hier um Vorstellungen handelt, die tief in Mythos und Religion verwurzelt sind: der Tod in Form eines gruftartigen, unterirdischen Gewölbes; der Wein, der dem Sterbenden die Angst vor dem nahenden Tod nimmt; das Lachen über den Tod. Diese Momente erinnern an Bilder, die in der christlichen Religion im Abendmahl Verwendung finden, da auch in der Eucharistie der Tod durch die stilisierte Aufnahme von Nahrungsmitteln zu einer Auferstehung wird. Das Grab wird sozusagen zum Schoß der Wiedergeburt.

Wie dieses Beispiel veranschaulicht, gibt es in unterschiedlichen Kulturkreisen, Religionen, Mythen und Literaturen wiederkehrende Urbilder oder Archetypen, die wie eine gemeinsame, unterbewußte Sprache Grundängste und Hoffnungen – hier Tod und Wiedergeburt – des Menschen transportieren. Das Anliegen des archetypischen Ansatzes fügt sich damit nahtlos in die Methodik der formalistischen Schulen ein, die versuchen, die Oberflächen literarischer Texte zu verlassen und wiederkehrende Grund- oder Tiefenstrukturen herauszuarbeiten.

d) New Criticism

New Criticism

Weitgehend unabhängig vom europäischen Formalismus und Strukturalismus konnte sich im englischsprachigen Raum der dreißiger und vierziger Jahre des 20. Jahrhunderts der sogenannte New Criticism (engl. *New Criticism*) als dominante literaturwissenschaftliche Richtung behaupten, die über viele Jahrzehnte den Status einer orthodoxen Schulmethode innehatte. Literaturwissenschaftler wie William K. Wimsatt (1907-1975), Allen Tate (1899-1979) und J.C. Ransom (1888-1974) haben diese Richtung nach außen repräsentiert. Die wichtigsten Merkmale des New Criticism, dessen Name sich als bewußte Absage an traditionelle Lehrmeinungen versteht, lassen sich besonders gut im Kontrast zu etablierten akademischen Richtungen aufzeigen. Der New Criticism unterscheidet Literaturkritik von Quellenarbeit, sozio-historischen Hintergrundstudien, Motivgeschichte, aber auch von autorzentrierten, biographischen oder psychologischen Ansätzen und Rezeptionsforschung. Sein Anliegen ist, die Literaturwissenschaft von extrinsischen Faktoren zu befreien und das Hauptaugenmerk auf den literarischen Text zu verlagern.

affective fallacy

An traditionellen Textanalysen kritisiert der New Criticism die sogenannte *affective fallacy* und *intentional fallacy*. Die *affective fallacy* (etwa „Irrglaube der Wirkung") bezeichnet das Miteinbeziehen der emotionalen Reaktion des Lesers auf einen Text in der Interpretation. Dabei stellt sich der New Criticism besonders gegen unbegründetes subjektives Ergriffensein durch einen lyrischen Text. Um Objektivität zu gewährleisten, muß sich der Kritiker auf die Analyse von textlichen Besonderheiten konzentrieren. Die sogenannte *intentional fallacy* (etwa „Irrglaube der Autorintention") richtet sich gegen Interpretationen, die die ursprüngliche Intention oder Motivation des Autors zu ermitteln suchen. Es geht dem New Criticism also nicht darum, Aspekte eines Werkes mit biographischen Daten oder psychologischen Zuständen des Autors zur Deckung zu bringen, sondern unvoreingenommen einen Text wie eine Flaschenpost ohne Absender, Datierung oder Adressat auf seine intrinsisch-textliche Dimension hin zu untersuchen.

intentional fallacy

Die Analysen des New Criticism richten sich oft auf Erscheinungen wie Mehrdeutigkeit, Paradoxie, Ironie, Wortspiel, Wortwitz oder rhetorische Figuren; also auf jene kleinen isolierbaren Elemente eines Textes, die in Verbindung zu dem gesamten Kontext stehen. Ein zentraler Begriff in diesem Zusammenhang, der oft gleichbedeutend mit dem New Criticism verwendet wird, ist das *close reading*. Darunter versteht man das akribisch genaue Lesen auf elementare Merkmale hin, die größere Strukturen des Textes spiegeln. Der New Criticism wendet sich deshalb gegen die weitverbreitete Praxis der Nacherzählung (Paraphrase) in der Literaturwissenschaft, da sich seiner Meinung nach die zentralen Elemente eines Textes wie Mehrdeutigkeit, Paradoxie und Ironie der Paraphrase entziehen.

close reading

unity

Ein wiederkehrender Begriff in den Interpretationen des New Criticism ist die Geschlossenheit (engl. *unity*) eines Textes. Alle oben genannten Elemente, auf die sich das *close reading* konzentriert, spiegeln in ihrer elementaren Form die geschlossene Struktur des Werkes wider. Lyrik eignet sich für diese Auffassung von Literaturbetrachtung besonders, da hier eine Reihe von gattungsspezifischen Merkmalen wie Reim, Metrum und rhetorische Figuren den geschlossenen Charakter unterstreichen. Aus diesem Grund beschäftigt sich der New Criticism vornehmlich mit Gedichten. Ein oft zitiertes Beispiel ist die Interpretation von John Keats' "Ode on a Grecian Urn" (1820). Keats (1795-1821) beschreibt in seinem Gedicht eine antike Vase, deren runde Form als Symbol für die Geschlossenheit des idealen Gedichts dient. Eine Interpretation des New Criticism wird dabei versuchen, die unterschiedlichen metrischen und rhetorisch-stilistischen Merkmale des Gedichts als Teilaspekte der Geschlossenheit zu erklären (vgl. dazu auch Kapitel III.2: Lyrik).

Unter den formalistischen Strömungen zeichnet sich der New Criticism durch besonders rigide Regeln zur Textanalyse aus, deren nachvollziehbare Methodik ihn schnell zur Schulmethode machte. Nicht zuletzt aus diesem Grund hat der New Criticism bis in die späten sechziger Jahre die Literaturwissenschaft im englischsprachigen Raum dominiert.

e) Semiotik und Dekonstruktion

Semiotik und Dekonstruktion

Die jüngsten Richtungen der textorientierten Literaturtheorie der siebziger und achtziger Jahre, die Semiotik (Zeichenlehre, engl. *semiotics*) und die Dekonstruktion (engl. *deconstruction*) fassen einen Text als System von Zeichen (engl. *signs*) auf. Die Grundlage für diese komplexen Theoriebildungen der letzten Jahrzehnte ist das Sprachmodell des Genfer Linguisten Ferdinand de Saussure (1857-1913). Saussure nimmt an, daß Sprache durch Repräsentation funktioniert, wobei eine geistige Vorstellung verbal abgebildet bzw. repräsentiert wird. Bevor ein Mensch das *Wort* „Baum" verwenden kann, muß er ein geistiges Bild von einem Baum vor sich haben. Ausgehend von dieser Annahme teilt Saussure Sprache in zwei grundlegende Bereiche ein, indem er das vorsprachliche oder übersprachliche Konzept (in diesem Fall die Vorstellung von einem Baum) als Signifikat (engl. *signified*) und die sprachliche Manifestation dieses Konzeptes (die Laut- oder Buchstabenfolge B-A-U-M) als Signifikant (engl. *signifier*) bezeichnet.

Saussures Sprachmodell

Signifikat

Signifikant

Vorstellung bzw.
Signifikat (engl. *signified*) ⟶ 

sprachliche Umsetzung bzw.
Signifikant (engl. *signifier*) ⟶ B-A-U-M

Semiotik und Dekonstruktion setzen beim sprachlichen Zeichen bzw. Signifikanten ein und gehen davon aus, daß nichts außerhalb des Textes existiert oder, anders ausgedrückt, daß unsere Wahrnehmung der Welt textlichen Charakter besitzt.

Zeichen

Zeichen ergeben nur dann Sinn, wenn sie sich in einem geschlossenen System befinden wie Schachfiguren in einem Schachspiel. Sprache und Texte werden als solche Systeme betrachtet, deren Elemente Bedeutung erhalten, weil sie in Wechselwirkung zueinander stehen und sich durch bestimmte Merkmale voneinander unterscheiden. Das Grundprinzip, auf dem dieses Erklärungsmodell basiert, ist die sogenannte binäre Opposition (engl. *binary opposition*). Man versteht darunter die elementaren Verschiedenheiten zwischen einzelnen sprachlichen Zeichen, die einen Bedeutungsunterschied bewirken. In den Gegensatzpaaren "h*u*t"–"h*a*t" oder "cu*t*"–"cu*p*" ist zum Beispiel jeweils ein einziger Buchstabe für unterschiedliche Bedeutungen dieser ähnlichen Zeichenkombinationen verantwortlich.

binäre Opposition

Semiotik - die Welt als Text

Neu und ungewöhnlich an Semiotik und Dekonstruktion ist die Tatsache, daß diese Schulen versuchen, den traditionellen Textbegriff auch auf nichtsprachliche Systeme auszudehnen. So kommen zum Beispiel semiotische Analysemethoden, die aus der Literaturwissenschaft entlehnt sind, in der Anthropologie, Populären Kultur, Werbung, Geographie, Architektur, Film- und Kunstgeschichte zur Anwendung. Viele dieser Ansätze betonen die Systembezogenheit des zu untersuchenden Objektes. Gebäude, Mythen oder Bilder werden als System von Elementen betrachtet, die ähnlich wie ein Text aus Buchstaben, Worten und Sätzen aus einer Reihe von Zeichen aufgebaut sind. Deshalb werden diese Ansätze oft unter dem Begriff Semiotik (Zeichenlehre) zusammengefaßt.

Ein praktisches Beispiel für die Analyse nichtsprachlicher Zeichensysteme ist Roland Barthes' (1915-1980) Semiotik der Kleidung. Der französische Literaturwissenschaftler betrachtet Kleidung bzw. Mode als Zeichensystem, dessen Elemente wie literarische Zeichen „gelesen" werden können. So vermitteln wenige Millimeter in der Breite einer Krawatte sehr viel Information oder Bedeutung, da eine schmale Lederkrawatte einen völlig anderen Eindruck hinterläßt als eine dicke kurze Wollkrawatte oder eine Fliege. Diese textilen Zeichen tragen wie die Worte einer Sprache Bedeutung, müssen aber in ihrem jeweiligen Kontext bzw. Zeichensystem betrachtet werden. Die Zeichen erhalten erst einen Sinn, wenn sie mit anderen Zeichen in Wechselwirkung treten. Mode als Ausdruck von sozialen Beziehungen ist ein gutes Beispiel für diese Mechanismen in einem nichtsprachlichen Zeichensystem. Die Zeichen bleiben dieselben, aber die Bedeutung variiert, wenn sich die Beziehung unter den Zeichen verändert. Plötzlich sagen weite Hosen, kurze Röcke oder breite Krawatten etwas anderes aus als noch wenige Jahre zuvor.

Dekonstruktion

Wie die Semiotik versucht die Dekonstruktion (engl. *deconstruction*), den Bausteincharakter (Zeichen als Elemente) von Texten zu unterstreichen. Diese neuen poststrukturalistischen Analysemethoden gehen davon aus, daß ein Text in Zeichen zerlegt (destruiert) und wieder zusammengestellt (konstruiert) werden kann. Nach Ansicht der Dekonstruktion ist der Text nach der Rekonstruktion nicht mehr derselbe, da durch die Analyse der Zeichen und ihrer Neuordnung in der „Interpretation" der Text als Fortsetzung sozusagen „weitergeschrieben" wird. Die traditionelle Unterteilung in Primär- und Sekundärliteratur wird im Grundgedanken des „Weiterschreibens" des Textes in der Interpretation bewußt verwischt.

Jacques Derrida

Die Dekonstruktion ist mit dem Werk des französischen Philosophen Jacques Derrida (*1930) und des Literaturtheoretikers Paul de Man (1919-1983) verbunden. Sie gibt keine klaren Richtlinien zur Analyse der Texte vor und versteht sich nicht als einheitliche Methode oder Schule. Trotz ihrer komplexen Ansätze hat sich die Dekonstruktion als eine der einflußreichsten literaturtheoretischen Richtungen der siebziger und achtziger Jahren herausgestellt, deren Grundgedanken und Terminologie einen integralen Bestandteil vieler neuerer literaturwissenschaftlicher Publikationen darstellen.

différance

Ein Beispiel hierfür ist Derridas Konzept der *différance*. Im Gegensatz zu Saussure, der die Entstehung von Bedeutung vor allem in der Wechselwirkung zwischen Signifikant und Signifikat sah, stellt Derrida die Vorstellung des Signifikats als solches in Frage. Während Saussure noch hinter jedem Signifikanten (Zeichen) ein Signifikat (Vorstellung) annahm, das dem Zeichen Bedeutung verleiht, konzentrieren sich Semiotik und Dekonstruktion bevorzugt auf den Signifikanten. Oft wird zur Erklärung dieses Konzeptes eine Enzyklopädie als Beispiel herangezogen. Jeder Lexikoneintrag bzw. Signifikant ist in ein Netzwerk von Querverweisen eingebettet, wobei jeder

Verweis weitere beinhaltet. Die Erklärung eines Begriffes erfolgt durch Weiterverweisen auf andere Begriffe und kommt somit eigentlich nie zu einem Ende. Die Bedeutung eines Signifikanten entsteht damit einerseits durch äußerliche Verschiedenheit gegenüber anderen Signifikanten, andererseits aber auch durch ständiges Weiterverschieben bzw. Weiterverweisen auf andere Signifikanten. In der Neuschöpfung *différance* spielt Derrida mit franz. *différence* (Unterschied) und franz. *différer*, das unter anderem auch „aufschieben" bedeuten kann.

Spielerische literarische Umsetzungen dieser Theorie sind die sogenannten Lexikon-Romane wie *Das chasarische Wörterbuch* (1984) des Serben Milorad Pavić (*1929) und *Alphabetical Africa* (1974) des in Österreich geborenen Amerikaners Walter Abish (*1931). Diese Texte übernehmen die äußere Form und Struktur eines Lexikons oder einer Enzyklopädie, um so den postmodernen Textbegriff literarisch zu verdeutlichen. Solche Romane können entweder von Anfang bis Ende linear gelesen werden oder man beginnt irgendwo und bewegt sich im Text von Querverweis zu Querverweis hin und her.

Poststrukturalismus

Diese auch unter dem Begriff Poststrukturalismus (engl. *poststructuralism*) zusammengefaßten Theoriebildungen in der zweiten Hälfte des 20. Jahrhunderts sind als direkte Weiterführung und Reaktion auf die besprochenen formalistisch-strukturalistischen Schulen zu verstehen. Man kann die genannten formalistisch-strukturalistischen Schulen als morphologische (gestaltorientierte) Ansätze in der Textwissenschaft umschreiben, die sich alle durch einen werkimmanenten Zugang auszeichnen. Das Hauptaugenmerk liegt auf der Herausarbeitung grundsätzlicher textlicher Strukturen (Erzähltechnik, Handlungsaufbau, Erzählperspektive, Stil, rhetorische Figuren), aber auch auf den Unterschieden zwischen Alltagssprache und literarischer Sprache oder zwischen Prosa und Lyrik. Mit der Ausdehnung des Textbegriffes auf nichtschriftliche Zeichensysteme stellen Semiotik und Dekonstruktion die extremsten Beispiele der textorientierten Literaturwissenschaft dar.

2. Autororientierte Ansätze

Biographische Literaturwissenschaft

Historisch vor den großen formalistisch-strukturalistischen Theoriebildungen des 20. Jahrhunderts erlebte die Biographische Literaturwissenschaft (engl. *biographical criticism*) besonders im 19. Jahrhundert ihren Höhepunkt. Diese Strömung versucht, eine direkte Verbindung zwischen literarischem Text und Biographie des Autors herzustellen. Daten, Fakten und Ereignisse aus dem Leben von Schriftstellern werden mit Erscheinungen des Textes zur Deckung gebracht, um eine Wechselwirkung zwischen Begebenheiten im Leben des Autors und seinem Werk herzustellen. Oft werden Nachforschungen über Umgang, Milieu oder Bildung des Autors betrieben, die auf bestimmte Phänomene des Werkes bezogen werden. Dazu gehören auch Arbeiten, die die Bibliothek des Autors dahingehend untersuchen, mit welchen Werken er vertraut war, welche Schriften auf die Abfassung eines

Werkes Einfluß genommen haben und mit welchen Personen der Autor in Kontakt stand (Briefe).

Autobiographien fordern einen solchen Ansatz, der die fiktionale Darstellung mit den Fakten und Daten aus dem Leben eines Autors vergleicht, geradezu heraus. Oft fließt autobiographisches Material in verschlüsselter Form in den Text ein. So hat der amerikanische Autor Eugene O'Neill (1888 -1953) in seinem Drama *Long Day's Journey into Night* (ca. 1941; publ. 1956) bewußt autobiographische Elemente verarbeitet. Die handelnden Personen und Ereignisse des Dramas basieren auf realen Personen und dramatisieren familiäre Begebenheiten aus O'Neills Leben auf fiktionale Weise. Autororientierte Analysen interpretieren Texte aber auch auf unbewußt eingestreute biographische Passagen.

So kann die Tatsache einer Fehlgeburt Mary Shelleys (1797-1851), die in die Zeit der Entstehung ihres Romans *Frankenstein* (1818) fällt, mit der Handlung des Buches in ursächliche Verbindung gebracht werden. Das zentrale Thema des Romans, die künstliche Erzeugung eines menschlichen Wesens, läßt sich nach Ansicht solcher Interpretationsansätze auf die intensive psychische Auseinandersetzung Mary Shelleys mit Geburtsmotivik in jenem Lebensabschnitt erklären. Viele Autoren, die die Fiktionalität ihrer Texte sowie die Unversehrtheit ihrer Privatsphäre gewahrt haben wollen, wehren sich dezidiert gegen diese Herangehensweise. Der amerikanische Schriftsteller J.D. Salinger (*1919), der durch seinen Roman *The Catcher in the Rye* (1951) sehr großen Bekanntheitsgrad erreichte, hat sich in den letzten Jahrzehnten strikt geweigert, Informationen über sein Privatleben der Öffentlichkeit preiszugeben.

Phänomenologische Ansätze

Besonders wenn es sich um kanonische (von der Literaturgeschichte als wichtig erachtete) Autoren wie Shakespeare, Joyce oder Milton handelt, wird in diesen Richtungen oft die Person des Autors stark mythologisiert. Das führt soweit, daß der Geist des Dichters durch sein Werk rekonstruiert werden soll. Die oft als Phänomenologische Ansätze (engl. *phenomenological approach*) bezeichneten Richtungen versuchen, durch intensive Lektüre des Gesamtwerkes das Bewußtsein des Autors wiedererfahrbar zu machen. Der Urheber des Textes ist sozusagen in verschlüsselter Form in seinem Werk präsent. Ziel dieser Art von Untersuchungen ist, den Autor durch den Text sichtbar zu machen.

Psychoanalytische Literaturwissenschaft

Wie das Beispiel aus dem Leben Mary Shelleys zeigt, neigen viele dieser biographischen Ansätze zu psychologisierenden Urteilen. Das führt zu einer weiteren Strömung, die sich ebenfalls mit der Person des Autors befaßt, aber nicht unbedingt dessen „Geist" erscheinen lassen will. Psychologische Vorgänge werden hier direkt auf das Werk übertragen. Unter dem Einfluß der Psychoanalyse Sigmund Freuds (1856-1939) entstand dieser ursprünglich rein auf den Autor gerichtete Ansatz als eine eigenständige Schulmethode. In der Psychoanalytischen Literaturwissenschaft (engl. *psychoanalytic literary criticism*) werden zwar auch Texte als Symptom der psychischen Struktur des Autors gelesen, jedoch richtet sich das Augenmerk auch auf vom Autor unabhängige Aspekte des Textes. Charaktere eines Textes werden psychologisch analysiert, als ob es sich um tatsächlich existierende Personen handeln würde. Oft zitiertes Beispiel ist der geistige Zustand Hamlets in Shakespeares (1564-1616) Drama, wobei untersucht wird, ob Hamlet geistig umnachtet ist bzw. unter welcher psychischen Krankheit er leidet. Auch Sigmund Freud hat in seinen Analysen auf literarische Texte zurückgegriffen, um bestimmte psychologische Phänomene zu erklären. Einige dieser Abhandlungen Freuds wie zum Beispiel seine Analyse von E.T.A. Hoffmanns (1772-1822) Erzählung „Der Sandmann" (1817) gehören zu den interessantesten Interpretationen dieses Textes. Im Laufe des 20. Jahrhunderts hat sich die Psychoanalytische Literaturwissenschaft unter dem Einfluß des französischen Analytikers Jacques Lacan (1901-1981), der unter anderem durch die Interpretation einer Geschichte E.A. Poes (1809-1849) Aufsehen erregte, besonders im anglo-amerikanischen Raum als erfolgreiche Disziplin etabliert. Das Interesse an psychologischen Phänomenen trug auch zur Verbreitung der sogenannten leserorientierten Richtungen bei, die sich mit der Aufnahme eines Textes durch den Leser beschäftigen und damit im weitesten Sinn psychologische Aspekte analysieren.

3. Leserorientierte Ansätze

Rezeptionstheorie und Rezeptionsästhetik

In den sechziger Jahren entwickelte sich als Reaktion auf die dominierende Stellung des werkimmanenten New Criticism eine leserorientierte Strömung, die als Rezeptionstheorie (engl. *reception theory*), Reader-Response-Theory (engl. *reader-response theory*) oder Rezeptionsästhetik (engl. *aesthetics of reception*) bezeichnet wird. Alle drei Begriffe werden meist synonym (in gleicher Bedeutung) verwendet, um jene Ansätze zusammenzufassen, die für die Interpretation primär vom Leser ausgehen. In diesen Schulen existiert nicht *ein* objektiver Text, sondern ebensoviele Texte wie Leser, da angenommen wird, daß durch jeden individuellen Leseprozeß ein neuer und einzigartiger Text entsteht. Die deutschsprachige Rezeptionstheorie hat mit Hans Robert Jauss (*1921) und Wolfgang Iser (*1926) großen Einfluß auf die USA ausgeübt, wo sich erst mit Verspätung eine eigenständige rezeptionsorientierte Strömung entwickelte, zu deren wichtigsten Vertretern Stanley Fish (*1938) zählt.

Effekt auf den Leser

Mit der Betonung des Effekts eines Werkes auf den Rezipienten bzw. Leser wendet sich die Rezeptionstheorie offensichtlich gegen das Dogma der *affective fallacy* des New Criticism, wonach in die Interpretation kein subjektiver Beitrag des Lesers einfließen dürfe. Die Rezeptionstheorie beschäftigt sich nicht nur mit subjektiven, im Sinne von nicht vorherbestimmbaren Leserreaktionen, sondern analysiert erstmals systematisch verschiedene Gruppen von Lesern. Sie untersucht, welche Texte von welcher Leserschaft wann, zu welchem Zweck und wie gelesen werden. Es werden Lesegewohnheiten, aber auch Lesepraktiken von verschiedenen Altersgruppen, sozialen Schichten oder nationalen Gruppen bestimmt. Viele dieser Untersuchungen gehen auch auf die physiologischen Aspekte des Lesens an sich ein und versuchen, den Leseprozeß zu erklären. Dabei sollen Mechanismen aufgedeckt werden, wie der Mensch aus den optischen Zeichen auf dem Papier Informationen bezieht und daraus ein sinnhafter Text entsteht.

Wolfgang Isers Leerstelle

Es wird z.B. von der Annahme ausgegangen, daß ein Text in jeder Lesephase bestimmte Erwartungen im Leser entstehen läßt, die in der Folge entweder erfüllt oder enttäuscht werden. In diesem Zusammenhang ist Wolfgang Isers (*1926) Begriff der sogenannten Leerstelle (engl. *blank*) im Text wichtig. Darunter versteht er Erwartungen, die ein Text kreiert und die vom Leser selbst ausgefüllt bzw. ergänzt werden müssen. Dieses Prinzip der Leerstelle läßt sich sowohl auf der elementaren Ebene des Satzes als auch auf größere Sinnzusammenhänge anwenden. Bereits beim Lesen der ersten Worte eines Satzes komplettiert der Leser im Geist ständig das noch nicht Gelesene. Er will in jeder Phase das noch Fehlende durch die eigene Vorstellungs- und Kombinationsgabe einfügen. Ebenso kontinuierlich werden offene Fragen zum Text in jedem Abschnitt des Leseprozesses aufgegriffen und mit verschiedenen Erklärungsmöglichkeiten verbunden. Die Ersetzung dieser Leerstellen hängt einerseits von subjektiv-individuellen Zügen, andererseits aber auch von allgemeinen Faktoren wie Alter, Geschlecht, Nationalität und auch der historischen Epoche des Lesers ab.

Die Leseerwartung spielt in jeder Textsorte eine Rolle, tritt aber in bestimmten literarischen Genres wie z.B. in der Kriminalgeschichte (engl. *detective fiction*) am offensichtlichsten hervor, da diese Gattung auf der Interaktion zwischen Text und Rezipienten basiert. E.A. Poes (1809-1849) "The Murders in the Rue Morgue" (1841) besteht aus einer Reihe solcher Leerstellen, durch welche Imagination und Erwartung des Lesers ständig in verschiedene Richtungen gelenkt werden. In einem Pariser Appartement werden übel zugerichtete Leichen aufgefunden. Die Rekonstruktion des Tathergangs und die Ermittlung des Täters stützen sich auf eine Reihe widersprüchlicher Zeugenaussagen und Indizien, die den Leser dazu zwingen, diese immer wieder neu zu kombinieren, um Motiv und Identität des Täters zu ermitteln.

Das Spiel mit der Lesererwartung steht im Kriminalroman besonders im Vordergrund, tritt aber in anderen Genres in unterschiedlicher Intensität oder Deutlichkeit auf. Erwartungen bilden auf jeder Ebene des Leseprozesses – angefangen beim einfachen Entschlüsseln eines Wortes oder Satzes bis hin zu größeren inhaltlichen Strukturen eines Werkes – die Grundlage in der Auseinandersetzung mit Texten überhaupt. In der Rezeptionstheorie wird also der Schwerpunkt vom Text auf die Interaktion von Leser und Text verschoben, wobei argumentiert wird, daß die Interpretation von Texten nicht isoliert vom lesenden Subjekt geschehen kann und darf.

Rezeptionsgeschichte

Ein weiterer wichtiger Aspekt, der in engem Zusammenhang mit diesen Richtungen steht, ist die Erforschung der Aufnahme eines Textes durch die Leserschaft. In der sogenannten Rezeptionsgeschichte (engl. *history of reception*) werden Verkaufszahlen von Werken, aber auch Besprechungen oder Rezensionen in Zeitschriften und Zeitungen herangezogen. Nicht nur synchrone (innerhalb einer Epoche) Aspekte der Leserreaktion werden betrachtet, sondern es werden auch Veränderungen und Entwicklungen in der Rezeption von Texten in Form einer diachronen (historisch vergleichenden) Analyse berücksichtigt.

Die leserzentrierten Schulen der Rezeptionstheorie und der Rezeptionsgeschichte, die vor allem in den siebziger Jahren als die bewußte Abkehr von den Dogmen des New Criticism sehr großen Einfluß ausgeübt haben, wurden in den achtziger Jahren von Semiotik, Dekonstruktion und feministischer Literaturtheorie weitgehend zurückgedrängt.

4. Kontextorientierte Ansätze

kontextorientierte Ansätze

Unter kontextorientierten Ansätzen (engl. *contextual approach*) werden hier unterschiedliche Strömungen und Schulen zusammengefaßt, die sich dadurch auszeichnen, daß sie ein literarisches Werk nicht als immanentes, für sich allein stehendes Kunstwerk betrachten, sondern es in einen größeren Zusammenhang stellen. Je nach Richtung kann dieser Kontext historisch, sozio-politisch, generisch (gattungsspezifisch), national oder geschlechtsspezifisch sein. Die in der Praxis immer noch führende Schule ist die sogenannte Literaturgeschichte (engl. *literary history*), die hauptsächlich literarische Phänomene in Perioden gliedert und den einzelnen Text vor diesem Hintergrund beschreibt. Es geht um die Datierung und Zuordnung eines Textes, aber auch um den Nachweis gegenseitiger Einflüsse bestimmter literarischer Werke auf andere. Diese Richtung ist der Geschichtswissenschaft verpflichtet und orientiert sich an deren Methodik.

Literaturgeschichte

Marxistische Literaturwissenschaft

Unter den sozio-politischen Strömungen gilt die Marxistische Literaturwissenschaft (engl. *Marxist literary theory*) als einflußreichste Lehrmeinung. Auf der Grundlage der Schriften von Karl Marx (1818-1883) und marxistischer Literaturtheoretiker wie Georg Lukács (1885-1971) und Antonio Gramsci (1891-1937) werden Texte als Ausdruck ökonomischer, soziologischer und politischer Hintergründe analysiert. Dabei werden Produktionsbedingungen in bestimmten literarischen Epochen und deren Einfluß auf die literarischen Arbeiten dieser Zeit untersucht. So kann die Etablierung des Romans im 18. Jahrhundert im marxistischen Erklärungsmodell auf die neuen ökonomischen Bedingungen für Autoren und Leser in dieser Epoche zurückgeführt werden.

Besonders die Frankfurter Schule mit Theoretikern wie Theodor Adorno (1900-1969) und Jürgen Habermas (*1929) haben nachhaltig auf die angloamerikanische Literaturtheorie eingewirkt. Unabhängig vom Niedergang des Kommunismus im ehemaligen Ostblock hat die Marxistische Literaturtheorie in den letzten beiden Jahrzehnten stark an Bedeutung verloren. Dies darf aber nicht darüber hinwegtäuschen, daß dieser Ansatz wichtige Aspekte der Wechselwirkung zwischen Literatur und Gesellschaft aufgezeigt hat und immer noch großen Einfluß auf jüngere Theoriebildungen wie Dekonstruktion, Feminismus und New Historicism ausübt.

a) New Historicism und Cultural Studies

New Historicism

Eine der neuesten Entwicklungen auf dem Gebiet der kontextorientierten Ansätze in den achtziger Jahren ist der in den USA entstandene New Historicism (engl. *New Historicism*). Obwohl diese Strömung auf Poststrukturalismus bzw. Dekonstruktion aufbaut, die eher text- oder diskursorientiert sind, versucht sie, historische Dimensionen in die Besprechung literarischer Texte miteinzubeziehen. So werden z.B. bestimmte Werke Shakespeares mit historischen Dokumenten der Entdeckung Amerikas in Verbindung gebracht, aber auch die Entdeckungen selbst als textlich-literarisches Phänomen behandelt. Wichtig dabei ist, daß Geschichte nicht als vom literarischen Text isolierter „historischer Hintergrund", sondern ebenfalls als ein textliches Gebilde betrachtet wird. Stephen Greenblatt, einer der führenden Vertreter des New Historicism, vergleicht z.B. in der Analyse eines kolonialen Textes der frühen amerikanischen Literatur von Thomas Harriot (ca. 1560-1621) das Verhältnis der Europäer zu den Indianern mit den Abhängigkeitsstrukturen in Shakespeares (1564-1616) Drama *The Tempest* (ca. 1611). Es zeigt sich, daß diese Machtmechanismen eine tief verwurzelte kulturelle Struktur darstellen, die sowohl Geschichte als auch Literatur dieser Epoche bestimmen. Ähnlich dem Poststrukturalismus, der den Textbegriff auf nichtliterarische Bereiche ausdehnt, bedient sich der New Historicism dieses Ansatzes, um historischen Phänomenen literaturwissenschaftlich zu begegnen. Es handelt sich hier um einen sehr jungen Forschungszweig, der sich wie die Dekonstruktion nicht als reglementierte Schulmethode versteht.

Stephen Greenblatts New Historicism

Cultural Studies

Als eine dem New Historicism verwandte, aber eigenständige Richtung gelten die sogenannten Cultural Studies. Dieser textwissenschaftliche Ansatz dehnt seine Analysen bewußt auf verschiedene Bereiche des menschlichen Ausdrucks aus. So werden unter anderem Werbung, bildende Kunst, Film, Fernsehen, Mode, Architektur, Trivialliteratur, Musik, subkulturelle Erscheinungen etc. als Manifestationen eines kulturellen Ganzen gelesen. Im Gegensatz zur Semiotik, die sich ebenfalls nichtliterarischer Phänome aus textorientierter, strukturalistischer Perspektive annimmt, bemühen sich die Cultural Studies um eine synoptische, d.h. zusammenschauende Betrachtungsweise, die darauf abzielt, eine Kultur in ihrer Vielschichtigkeit zu erfassen. Bereits 1958 hat der englische Theoretiker Raymond Williams (1921-1988) in seinem Buch *Culture and Society* argumentiert, daß für kulturelles Verständnis nicht nur Teile einer Kultur analysiert werden dürfen, sondern die Ganzheit kultureller Produktion berücksichtigt werden sollte. Diese offensichtlich kontextorientierte Richtung sieht Literatur als einen wichtigen, aber nicht ausschließlichen Aspekt, wodurch größere kulturelle Kontexte erfaßbar gemacht werden können. In den vergangenen Jahren sind Cultural Studies in der Literaturwissenschaft eng mit dem aus Indien stammenden Theoretiker Homi Bhabha (*1949) verknüpft, der in seiner Theorie von Kultur bzw. kultureller Identität auf Ideen der Psychoanalyse und Dekonstruktion zurückgreift. Damit ist seine Auffassung von Kultur ähnlich wie neueste Trends in der Gender Theory sehr diskursorientiert.

b) Feministische Literaturtheorie und Gender Theory

Feministische Literaturtheorie

Die produktivste und zugleich revolutionärste Richtung der neueren Literaturwissenschaften im allgemeinen und der kontextorientierten Ansätze im speziellen ist die Feministische Literaturwissenschaft. Sie ist Teil einer umfassenden Bewegung, die sich in fast allen wissenschaftlichen Disziplinen etabliert, vor allem aber in allen unterschiedlichen Strömungen der neueren Literaturwissenschaft Eingang gefunden hat. Am Beispiel der Feministischen Literaturtheorie (engl. *feminist literary theory*) soll hier exemplarisch gezeigt werden, wie es zu Überlagerungen unterschiedlicher Ansätze kommen kann, obwohl hier ebenfalls wie bei anderen behandelten Ansätzen *ein* Aspekt im Zentrum der Untersuchung steht. Die Feministische Literaturwissenschaft geht davon aus, daß der Bereich „Geschlechterdifferenz" ein in der traditionellen Textwissenschaft vernachlässigter Aspekt ist, weshalb nun traditionelle Sparten der Literaturwissenschaft aus einer geschlechtsorientierten Perspektive betrachtet werden.

Frauenbild

Am Anfang dieser Strömung in den späten sechziger Jahren standen inhaltliche Anliegen wie die Darstellung von Frauen in literarischen Werken männlicher Autoren im Vordergrund. Diese frühen Versuche einer Feministischen Literaturwissenschaft konzentrierten sich vor allem auf stereotype, verzerrte Darstellungen von Frauen in einer von Männern dominierten Literatur. Ein Hauptanliegen der leserorientierten Kritik richtet sich auf Identifikationsmöglichkeiten für Leserinnen mit fiktiven Frauengestalten in literarischen Texten.

Kanonrevision

Die nächste Phase der Feministischen Literaturtheorie, die sich historischer und autororientierter Ansätze bedient, kann als Frauenliteraturgeschichte bzw. Kanonrevision zusammengefaßt werden, da ein neuer Kanon (engl. *canon*) von Texten unter Berücksichtigung weiblicher Autoren erstellt wird. Mitte der siebziger Jahre wird nicht nur die Vernachlässigung von Autorinnen in der englischen Tradition kritisiert, sondern eine neue Literaturgeschichte mit Augenmerk auf eine weibliche Tradition verfaßt. Diese Art der Feministischen Literaturwissenschaft mit dem Schwerpunkt auf Kanonrevision ist bis in die späten siebziger Jahre die dominante Richtung geblieben, die erst unter dem Einfluß der französischen Feministinnen abgeschwächt und in andere Bahnen gelenkt wird.

Französischer Feminismus

Durch die einsetzende Rezeption der französischen Feministinnen aus Psychoanalyse und Philosophie wie Hélène Cixous (*1937) und Julia Kristeva (*1941) verschob sich Anfang der achtziger Jahre die Auseinandersetzung in der Feministischen Literaturtheorie auf textlich-stilistische Reflexionen. Unter der Annahme, daß sich Geschlechterdifferenz im Akt des Schreibens, also in Stil, Erzählstruktur, Inhalt und Handlungsverlauf eines Textes zeigt, begibt sich die Feministische Literaturwissenschaft in Gebiete, die traditionellerweise von formalistisch-strukturalistischen Schulen behandelt werden. Dabei wird argumentiert, daß sich geschlechtsspezifische Gegensätze im Schreibstil niederschlagen. Die andersgeartete weibliche Anatomie bewirkt nach Meinung der Theoretikerinnen eine geschlechtsspezifische Art des Schreibens, Handlungsverlaufs, Inhalts, der Erzählstruktur und Logik eines Textes. Diese Manifestation des Weiblichen in einem Text wird als *écriture féminine* (weibliches Schreiben) bezeichnet.

écriture féminine

In neueren Arbeiten, die bewußt die Stellung der Männer in der Literaturwissenschaft und im Feminismus miteinbeziehen, zeigt sich ein letzter auffälliger Paradigmenwechsel, mit dem sich das Interesse von einer „Feminist Theory" in Richtung "Gender Theory" verlagert. Die sogenannte Gender Theory stellt nicht mehr allein das Weibliche, sondern die Wechselwirkung zwischen beiden Geschlechtern ins Zentrum der Analyse. So melden sich vermehrt männliche Kritiker zur Geschlechterproblematik zu Wort bzw. wird nun auch die Rolle der männlichen und weiblichen Homosexualität in Literatur und Literaturwissenschaft behandelt.

Gender Theory

Geschlechterkonstruktion

Neueste Trends in der Gender Theorie nehmen Elemente der Dekonstruktion auf, indem sie das Konzept einer stabilen Geschlechterdifferenz in Frage stellen. Die Diskussion wurde vor allem durch die amerikanische Literaturtheoretikerin Judith Butler (*1956) initiiert, die bei der Erklärung von Geschlechterdifferenz ähnlich vorgeht wie die Dekonstruktion in bezug auf die Entstehung von sprachlicher Bedeutung. „Geschlecht" wird damit zu einer „Konstruktion", an der verschiedene Elemente innerhalb eines sozialen Systems beteiligt sind. Der Kernbegriff ist „Geschlechterkonstruktion", gemäß dem „Mann" und „Frau" die Rolle von Signifikanten einnehmen, deren Bedeutung durch das Wechselspiel mit anderen sich gegenseitig bedingenden Signifikanten erzeugt wird.

Phasen geschlechtsorientierter Literaturtheorie

Zusammenfassend kann man einige Tendenzen hervorheben, die sich seit Ende der sechziger Jahre in der Feministischen Literaturtheorie abzeichnen: Waren es vorerst Arbeiten über das spezifisch Weibliche (Protagonistin, Autorin, Kanon), kam später eine poetisch-ästhetische Theoriebildung (*écriture féminine*) hinzu. Soweit es sich aus der heutigen Perspektive beurteilen läßt, geht die neueste Entwicklung in Richtung eines umfassenden Bewußtseins um die Bedeutung beider "genders" für literarische Produktion und Rezeption. Diese Gender Studies werden noch weitgehend von Feministinnen getragen, jedoch wird ein Dialog mit männlichen Kollegen gesucht, um die Geschlechtsproblematik in der Literatur von einer exklusiv feministischen in eine beiderseitige Aktivität umzulenken. Wie das Beispiel der Feministischen Literaturwissenschaft zeigt, läßt sich eine strikte Einteilung in text-, autor-, leser- oder kontextorientierte Ansätze nicht immer aufrechterhalten. In der literaturwissenschaftlichen Praxis kommt es häufig zu Überlagerungen und Kombinationen unterschiedlicher Richtungen.

Die bisherige Besprechung unterschiedlicher Schulen war darauf bedacht, die verschiedenen Ansätze nach methodischen Gemeinsamkeiten zu gruppieren. Im folgenden Überblick soll deshalb die zeitliche Abfolge dieser Richtungen veranschaulicht werden. Die angeführten Jahresangaben sind nicht als absolute Daten aufzufassen, sondern bezeichnen jene Perioden, in welchen die jeweiligen Strömungen einen sehr hohen Stellenwert innehatten. Der Großteil der genannten Richtungen existiert parallel zueinander weiter, wobei bestimmte Schulen immer wieder dominieren. Die historische Abfolge der verschiedenen literaturwissenschaftlichen Strömungen zeigt, daß sich die Schwerpunktsetzung immer wieder verschiebt und ein ständiger Wechsel zwischen text-, autor-, leser- und kontextorientierten Ansätzen besteht. Besonders in den letzten Jahrzehnten lösten sich unterschiedliche Richtungen in schneller Folge ab und nahmen einen kurzlebigen, fast modischen Charakter an:

zeitliche Abfolge theoretischer Ansätze

Antike & Mittelalter	Rhetorik
Neuzeit	Philologie
19. Jh.	Stilistik
	Biographische Literaturwissenschaft
1.Hälfte 20. Jh.	Psychoanalytische Literaturwissenschaft
	Mythologische Literaturwissenschaft
ca. 1920-1930	Russischer Formalismus
ca. 1940-1960	New Criticism
ca. 1970-1980	Rezeptionstheorie
ca. 1970-	Semiotik
	Feministische Literaturwissenschaft
	Dekonstruktion
ca. 1980 –	New Historicism
	Cultural Studies
	Gender Theory

In der Beschäftigung mit literarischen Texten ist wichtig zu entscheiden, welche Zugänge der Text zuläßt und welche zu neuen Ergebnissen führen. Auch wenn ein Text durch bestimmte inhaltliche, historische oder strukturelle Merkmale einen Ansatz impliziert, können andere Herangehensweisen dennoch originelle und lohnende Beiträge liefern. Natürlich laden postmoderne Werke, die mit formalen Elementen spielen, zu strukturellen Analysen ein. Auch stellen politisch oder ideologisch motivierte Texte ein geeignetes Objekt marxistischer Zugangsweisen dar, während eine Biographie oder Autobiographie einen Vergleich mit dem Leben des Autors herausfordert. Ebenso wird man heute kaum das Werk einer Frau interpretieren können, ohne auf das Geschlecht der Autorin einzugehen. Dennoch sollte man sich in der Beschäftigung mit einem Text nicht nur von diesen Gesichtspunkten leiten lassen, sondern die Methodik persönlichen Interessen, dem jeweiligen Forschungsstand oder dem Zeittrend anpassen.

5. Literaturkritik

Literaturkritik

Ein bisher nicht erwähnter Bereich in der Auseinandersetzung mit Literatur ist die Literaturkritik (engl. meist *literary criticism*). Lange Zeit wurde dieser Begriff synonym mit Literaturwissenschaft als Praxis der Interpretation von Texten verwendet. Im englischen Sprachraum bezeichnet *literary criticism* auch heute noch weitgehend die literaturwissenschaftliche Werkinterpretation. Neuerdings wird der Begriff Literaturkritik jedoch auch zur Unterscheidung von Interpretation eines Textes und wertender Kritik herangezogen. Normalerweise spricht man von Literaturkritik bei der Vergabe von Literaturpreisen und im Zusammenhang mit Buchbesprechungen oder Rezensionen (engl. *book review*). In allen Philologien gibt es Publikationen (oft im Rahmen einer Wochenendausgabe einer großen Tageszeitung), die neu erschienene Primärliteratur in Form von kritischen Besprechungen vorstellen. Zu den etabliertesten Publikationsorganen dieser Art im englisch-

Buchbesprechung
Rezension

sprachigen Raum zählen *The New York Times Book Review* (1896-), *The New York Review of Books* (1963-) und *The Times Literary Supplement* (1902-).

Forschungsbericht

Facheinschlägige Sekundärliteratur wird in speziellen literaturwissenschaftlichen Zeitschriften rezensiert. Darunter versteht man die kritische Besprechung neuer Buchpublikationen durch Literaturwissenschaftler des jeweiligen Fachgebietes. Wird nicht ein Einzelwerk, sondern ein größerer Themenbereich (wie „Neuere englischsprachige Publikationen zur feministischen Literaturtheorie" oder „Das Phänomen New Historicism") anhand mehrerer Sekundärwerke behandelt, spricht man von einem sogenannten Forschungsbericht (engl. *review article*). Diese Art der überblicksmäßigen Darstellung vermittelt einen Gesamteindruck neuer Trends oder Publikationen in einem bestimmten Themenbereich.

Parodien wertender Literaturkritik

Eine ähnliche Textsorte, die nicht wie die Rezension für ein öffentliches Publikum gedacht ist, stellt das sogenannte Lektoratsgutachten dar. Eingegangene Manuskripte werden durch einen Verlagslektor begutachtet. Ton und Stil dieser wertenden Analysen entsprechen denen der Rezensionen. Der folgende Auszug aus einem parodistischen Text des Literaturtheoretikers und Schriftstellers Umberto Eco (*1932) fängt Relativität und Grenzen dieser Textsorte ein. Dabei wird aufgezeigt, wie bestimmte literaturwissenschaftliche Methoden und Ansätze nicht nur für Analyse und Interpretation, sondern auch zur Bewertung und Kritik von Literatur eingesetzt werden. In seinem „... müssen mit Bedauern ablehnen (Lektoratsgutachten)" (1972) verfaßt Eco eine Reihe von fiktiven negativen Gutachten von Werken, die zu den klassischen Texten unserer Literaturgeschichte gehören. Eco versucht darin zu zeigen, was passieren könnte, falls diese Klassiker heute einem Verlag zum Druck angeboten und mit konventionellen Methoden bewertet würden. Vor allem aber will Eco die Relativität dieser Bewertungen illustrieren, indem er zum Beispiel eine fiktive Rezension der Bibel entwirft:

Anonym: *Die Bibel*
Ich muß sagen, als ich den Anfang dieses Manuskripts und die ersten hundert Seiten las, war ich begeistert. Alles Action, prachtvoll mit allem, was die Leser heute von einem richtigen Schmöker erwarten: Sex (jede Menge), Ehebrüche, Sodomie, Mord und Totschlag, Inzest, Kriege, Massaker usw. [...]
Beim Weiterlesen habe ich dann gemerkt, daß es sich um eine Anthologie diverser Autoren handelt, eine Zusammenstellung sehr heterogener Texte mit vielen poetischen Stellen, von denen manche auch ganz schön fade und larmoyant sind, echte Jeremiaden ohne Sinn und Verstand.
Was dabei herauskommt ist ein monströses Sammelsurium, ein Buch, das alle bedienen will und daher am Ende keinem gefällt. Außerdem wäre es eine Heidenarbeit, die Rechte von all den Autoren einzuholen, es sei denn, die Herausgeber stünden dafür gerade. Aber dieser Herausgeber wird leider nirgends genannt, nicht mal im Register, als ob es irgendwie Hemmungen gäbe, seinen Namen zu nennen. Ich würde vorschlagen zu verhandeln, um zu sehen, ob man nicht die ersten fünf Bücher allein herausbringen kann. Das wäre ein sicherer Erfolg. Mit dem Titel wie „Die verlorene Schar vom Roten Meer" oder so.[2]

Eco parodiert einen leserorientierten Ansatz, indem er die Wirkung des Werkes auf ein potentielles Bestsellerpublikum, das viel "sex and crime" wünscht, hin untersucht. Der dominante leserzentrierte Ansatz wird aber von biographischen Fragen wie der Urheberschaft des Textes und textorientierten Erwägungen wie einigen stilistischen Kritikpunkten durchbrochen.

Dramenwettkämpfe in der Antike

Ähnlich fragwürdig anmutende Kriterien werden in der Vergabe von Literaturpreisen angelegt. Die Frage nach der Bewertung von Texten ist so alt wie die Literatur selbst. Bereits in der Antike wurden zu bestimmten Anlässen Dramenwettstreite ausgetragen, in denen ein Werk als Sieger hervorging. In einer klassischen Parodie dieser „objektiven" Bewertungsversuche von literarischen Texten läßt Aristophanes (ca. 448-380 v. Chr.) in der Komödie *Die Frösche* (405 v. Chr.) die beiden Hauptvertreter des griechischen Dramas, Aischylos and Euripides, in einen Wettstreit treten. Nach einer Reihe von erfolglosen Versuchen, den besseren Autor zu ermitteln, greift Gott Dionysos, der den Wettkampf leitet, schließlich zu einer „objektiven" Urteilsmethode: er benützt eine Waage, um das „Gewicht" der Verse zu bestimmen und so einen Sieger zu finden. Aischylos gewinnt den Wettkampf, weil er von einem Fluß spricht, während Euripides nur ein Boot in seinem Vers erwähnt.

Wie diese Parodien von Literaturkritik zeigen, ist die wertende Analyse von Texten in der Literaturwissenschaft umstritten, da Bewertung von Literatur von zu vielen verschiedenen Faktoren abhängt. So haben sich experimentelle Texte, die zur Zeit ihres Erscheinens sehr schlechte Kritiken erhielten, im Laufe der Zeit als einflußreich herausgestellt. Buchbesprechungen und Bestsellerlisten haben eher kurzlebigen Charakter, da ihre Bedeutung vor allem in der Auskunft über die Rezeption von Werken in einer bestimmten historischen Epoche liegt.

III. Gattungen in der anglo-amerikanischen Textwissenschaft

Gattungen: Epik, Dramatik, Lyrik, Film

Bereits in der Antike war die Einteilung literarischer Werke in Gattungen ein Anliegen der Textwissenschaft (vgl. Aristoteles' *Poetik*, 4. Jh. v. Chr.), die seither eine Reihe unterschiedlicher bis widersprüchlicher Klassifikationen hervorgebracht hat. Unter den verschiedenen Versuchen, Literatur in Genres zu gliedern, hat sich die Dreiteilung in Epik, Dramatik und Lyrik in der neuzeitlichen Literaturwissenschaft als gebräuchlichste Konvention herausgestellt. Wie bereits eingangs erwähnt, wurde in der Neuzeit das Epos durch die Prosaform Roman weitgehend abgelöst, so daß heute meist von Prosa, Drama und Lyrik (engl. *fiction, drama* und *poetry*) gesprochen wird. Die Grundcharakteristika dieser drei Genres sowie der Gattung Film werden im folgenden aus anglo-amerikanischer Perspektive herausgearbeitet. Anhand konkreter Beispiele werden textwissenschaftliche Grundbegriffe und Analysemethoden vorgestellt, die für die jeweiligen Gattungen hilfreich erscheinen.

1. Prosa

Epos

Obwohl der Roman (engl. *novel*) als die bedeutendste Form der Prosa (engl. *prose* bzw. *fiction*) erst in der Neuzeit (in England nach traditioneller Ansicht im 18. Jahrhundert) entstanden ist, gehen seine direkten Vorläufer auf die ältesten Texte unserer Literaturgeschichte zurück. Die homerischen Epen (engl. *epic*), *Ilias* und *Odyssee* (ca. 7. Jh. v. Chr.), aber auch Vergils (70-19 v. Chr.) *Aeneis* (ca. 31-19 v. Chr.) haben direkt auf die großen Epen des Mittelalters wie Dante Alighieris (1265-1321) italienische *Divina Commedia* (*Göttliche Komödie*; ca. 1307-1321) und die englischen neuzeitlichen Epen wie Edmund Spensers (ca. 1552-1599) *Faerie Queene* (1590; 1596) oder John Miltons (1608-1674) *Paradise Lost* (1667) eingewirkt.

Der Großteil der traditionellen Epen kreist um einen Helden, der in einer Vielzahl von Episoden bestimmte Aufgaben von großer nationaler oder kosmischer Bedeutung zu erfüllen hat. Gerade die klassischen Epen reflektieren durch ihre tiefe Verwurzelung in Mythos, Geschichte und Religion ein in sich geschlossenes Weltbild der jeweiligen Epoche bzw. Nation. Hand in Hand mit dem Verschwinden eines einheitlichen Weltbildes in der Neuzeit geht die Stellung des Epos zurück und wird schließlich vom Roman abgelöst, womit einem neuzeitlichen Relativismus Ausdruck verliehen wird.

Romanze

Alle traditionellen Epen sind in Versen verfaßt, unterscheiden sich aber aufgrund ihres Umfangs, der Erzählstruktur, Charakterschilderung und des Handlungsverlaufs von der Lyrik und gelten zusammen mit der Romanze (engl. *romance*) als Vorläufer des modernen Romans. Bereits in der Antike, verstärkt aber im Spätmittelalter hat sich die Romanze als Vorform des Romans etabliert. In der Antike waren diese Romanzen (wie Apuleius' *Goldener Esel*, 2. Jh. n. Chr.) in Prosa verfaßt, im Mittelalter hingegen meist in Versform. Das bekannteste mittelenglische Beispiel dieses Genres ist das anonyme *Sir Gawain and the Green Knight* (14. Jh.), das ein Abenteuer aus dem Leben des Artusritters Gawain erzählt. Als handlungsreiche Erzählung gilt die Romanze trotz ihrer Versform als direkter Wegbereiter des Romans (vgl. dazu auch die Abschnitte über Plot und Erzählperspektive in diesem Kapitel).

antike Vorläufer

mittelalterliche Vorläufer

Das traditionelle Epos war in der Regel weit ausholend (epische Breite), während die Romanze neue Wege geht, indem die Handlung gestrafft und auf ein Ziel hin gerichtet ist. Auch wird die Hauptperson, der Protagonist (engl. *main character* oder *protagonist*), genauer und differenzierter gezeichnet. Die Helden des klassischen Epos waren großteils Verkörperungen heroischer Ideale. In der Romanze treten individuelle Züge wie Unsicherheit, Schwächen und andere Charaktereigenschaften verstärkt in den Vordergrund und nehmen damit ein Merkmal des Romans vorweg. Die Individualisierung des Protagonisten, die bewußt perspektivische Erzählweise und vor allem der lineare, auf einen Höhepunkt hin orientierte Handlungsverlauf, der nicht mehr um nationale oder kosmische Probleme, sondern um realistische Themen kreist, unterscheiden die Romanze vom Epos.

Individualisierung des Protagonisten in der Romanze

Ausgeprägter und konzentrierter kommen diese Elemente schließlich im Roman (engl. *novel*) zur Anwendung, der sich in Spanien im 17. und in England im 18. Jahrhundert zu etablieren beginnt. Der frühe Roman war noch sehr dem Epos verpflichtet. So bereitet Miguel de Cervantes' (1547-1616) *Don Quixote* (1605-1615) dem Epos und der ritterlichen Romanze durch die Profanisierung und Parodisierung ihrer traditionellen Elemente (angebetete Dame, edler Ritter, heroische Abenteuer) ein Ende und setzt zugleich die epische Tradition in modifizierter Weise fort. Ähnlich versteht der Engländer Henry Fielding (1707-1754) seinen Roman *Joseph Andrews* (1742) als "comic romance" bzw. "comic epic poem in prose", also als eine Parodie und Synthese der bis dahin vorherrschenden Genres. Auch im Handlungsverlauf des frühen Romans, der oft ins Episodische abschweift, scheinen noch Elemente des Epos durch. Daniel Defoes (1660-1731) *Robinson Crusoe* (1719), Samuel Richardsons (1689-1761) *Pamela* (1740-1741) und *Clarissa* (1748-1749), Henry Fieldings (1707-1754) *Tom Jones* (1749) und Laurence Sternes (1713-1768) *Tristram Shandy* (1767-1768) stehen am Beginn dieses neuen literarischen Genres, das die Stellung des Epos übernimmt und zu einer der produktivsten Gattungen der modernen Literatur wird.

Roman

Das neuetablierte Genre des Romans wird häufig durch die Begriffe Realismus und Individualismus definiert. Damit werden die grundlegenden Neuerungen gegenüber dem Epos zusammengefaßt, die sich im Roman am deutlichsten manifestieren. Haftet dem traditionellen Epos eine kosmisch-allegorische Dimension an, zeichnet sich der moderne Roman durch eine

Realismus und Individualismus im Roman

Fixierung der Handlung in einer historischen und geographischen Wirklichkeit aus. Waren die Personen des Epos allegorische Typen, wird der Protagonist im Roman zu einem individuellen Charakter.

Diese Merkmale des Romans, die die Hinwendung zu Individualismus und Realismus als geistesgeschichtliche Grundtendenzen des 18. Jahrhunderts widerspiegeln, verhalfen ihm schnell zu einer Blüte. Im Roman wird die neuzeitliche Abwendung vom kollektiven Geist des Mittelalters, der sich in Allegorie und Symbolismus manifestierte, deutlich. Der Aufstieg einer gebildeten Mittelschicht, die Verbreitung der Druckerpresse und eine veränderte wirtschaftliche Grundlage, die es Autoren erlaubte, dem Schreiben als Lebensunterhalt nachzugehen, bewirkten diese Umbrüche in der Literatur des 18. Jahrhunderts. Der Roman hat bis heute nichts von seiner dominanten Stellung als *der* Vertreter der Gattung Prosa eingebüßt und wird als jenes Genre betrachtet, von dem die meisten literarischen Innovationen während der letzten zwei Jahrhunderte ausgingen.

Picaro- bzw. Schelmenroman

Zu den Subgenres oder Untergattungen des Romans zählen Picaro- bzw. Schelmenroman (engl. *picaresque novel*), der von den Erfahrungen eines umherziehenden Schelms (span. *picaro*) erzählt. Dieser gerät meist mit den sozialen Normen seiner Gesellschaft in Konflikt. In einer episodischen Erzählstruktur versucht der Schelmenroman, gesellschaftliche Ungerechtigkeiten auf satirische Weise bloßzustellen. Im deutschsprachigen Raum ist Hans Jacob Christoph von Grimmelshausens (ca. 1621-1676) *Simplizissimus* (1669) das bekannteste Beispiel dieses Genres. Daniel Defoes *Moll Flanders* (1722), aber auch Henry Fieldings *Tom Jones* (1749) weisen Züge dieser Gattung auf.

Bildungsroman

Eine weitere Untergattung, die auch im englischsprachigen Raum unter ihrer deutschen Bezeichnung Bildungsroman (bzw. engl. *novel of education*) geführt wird, zeigt die Entwicklung des Protagonisten von seiner Kindheit bis ins Alter (George Eliots *Mill on the Floss*, 1860).

Briefroman

Weitere häufig erwähnte Formen des frühen Romans sind der Briefroman (engl. *epistolary novel*), in dem der Brief als Ausdrucksmedium einer Ich-Erzählung verwendet wird (Samuel Richardsons *Pamela*, 1740-1741, und *Clarissa*, 1748-1749);

Historischer Roman

der Historische Roman (engl. *historical novel*), der Personen und Handlungen in einen realistischen historischen Kontext stellt (Sir Walter Scotts *Waverly*, 1814). Dem historischen Roman verwandt ist die als *New Journalism* bezeichnete Richtung, die versucht, zeitgenössische Ereignisse in Romanform zu vermitteln (Truman Capotes *In Cold Blood*, 1965; Norman Mailers *Armies of the Night*, 1968);

Satirischer Roman

der Satirische Roman (engl. *satirical novel*) hingegen will durch Übertreibung sozialer Konventionen auf Schwächen der Gesellschaft hinweisen (Jonathan Swifts *Gulliver's Travels*, 1726, oder Mark Twains *The Adventures of Huckleberry Finn*, 1884);

Utopischer Roman Science Fiction

der Utopische Roman bzw. die Science Fiction (engl. *utopian novel* bzw. *science-fiction*) entwirft alternative Welten, um dadurch reale sozio-politische Zustände zu kritisieren (George Orwells *Nineteen Eighty-Four*, 1949; Margaret Atwoods *The Handmaid's Tale*, 1985);

Schauerroman Kriminalroman

populäre Formen sind außerdem der Schauerroman (engl. *gothic novel*) (Bram Stokers *Dracula*, 1897) und der Kriminalroman (engl. *detective novel*) (Agatha Christies *Murder on the Orient Express*, 1934).

Kurzgeschichte: Ursprung und Begriff

Die epischen Kurzformen, die unter dem Begriff Kurzgeschichte (engl. *short story*) zusammengefaßt werden, stehen weitgehend im Schatten des Romans. Ähnlich dem Roman reichen die Wurzeln der *short story* in die Antike und das Mittelalter zurück. Geschichte, Sage und Märchen gehören zu den ältesten Textsorten und gehen bis in vorschriftliche Zeiten zurück, als „Texte" großteils mündlich überliefert und weitergegeben wurden. Auch der Begriff *tale* (von "to tell") oder das deutsche Wort Sage verweisen auf diese orale Komponente. Bereits in der Bibel finden sich viele Erzählungen wie „Hiob" oder „Der Verlorene Sohn", die in Struktur und Aufbau der modernen Kurzgeschichte nahestehen. Auch die antike Satire (engl. *satire*) und die bereits erwähnte mittelalterliche Romanze gelten als Vorformen dieses Genres.

Sammlungen von Erzählungen

Indirekte Vorläufer der *short story* sind die großen mittelalterlichen und frühneuzeitlichen Sammlungen von Erzählungen. Der bekannte arabische Zyklus *Geschichten aus tausend und einer Nacht*, der im 13. Jahrhundert zusammengestellt wurde, hat ähnlich wie Giovanni Boccaccios (1313-1375) *Decamerone* (1349-1351) in Italien und Geoffrey Chaucers (ca. 1343-1400) *Canterbury Tales* (ca. 1387) in England die Grundmerkmale dieser epischen Kurzform vorweggenommen. Die genannten Geschichtenzyklen zeichnen sich durch eine Rahmenerzählung aus, die eine Reihe von unabhängigen Erzählungen zusammenhält. Das bedeutendste mittelenglische Werk, Geoffrey Chaucers *Canterbury Tales*, bedient sich des Motivs der Pilgerfahrt zum Grab des Heiligen Thomas Becket in Canterbury als Rahmenhandlung. Auf der Fahrt nach Canterbury werden von den Pilgern unterschiedliche Geschichten erzählt. Durch die Technik der Rahmenerzählung versucht der Autor, dem Werk Geschlossenheit zu verleihen, obwohl die einzelnen Elemente untereinander inhaltlich kaum Berührungspunkte aufweisen.

Zeitschriften als Medium für Kurzgeschichten

Als mehr oder weniger eigenständige Textsorte taucht die Kurzgeschichte erst Ende des 18. Jahrhunderts parallel zur Entstehung des Romans auf. Großen Einfluß auf die Etablierung der *short story* übten die Zeitschriften im 19. Jahrhundert aus. Mit den regelmäßig publizierten *magazines* wurde der Erzählung als einer Gattung von geringem Umfang ein ideales Publikationsmedium zur Verfügung gestellt. Vorläufer dieser Journale sind die von Joseph Addison (1672-1719) und Richard Steele (1672-1729) in England herausgegebenen *Tatler* (1709-1711) und *Spectator* (1711-1712; 1714), die die gebildete Mittelschicht durch literarische Texte, Berichte und Kommentare von allgemeinem Interesse (Essays) anzusprechen versuchten. Ein große Zahl der frühen amerikanischen *short stories* von E.A. Poe (1809-1849) oder Nathaniel Hawthorne (1804-1864) wurden als Zeitschriftengeschichten konzipiert. Auch heute noch ist das Magazin (z.B. *The New Yorker*, 1925-) im anglo-amerikanischen Raum der bevorzugte Rahmen für die Erstveröffentlichung von Kurzgeschichten. Viele der frühen Romane sind als Seriengeschichten in diesen Magazinen erschienen, bevor sie als eigenständige Romane publiziert wurden (z.B. Charles Dickens' *The Pickwick Papers*, 1836-1837).

Unterschiede zwischen Roman und Kurzgeschichte

Während der Roman das Interesse von Literaturtheoretikern auf sich zog, wurde der *short story*, die immer im Schatten des „großen Bruders" stand, weniger Beachtung geschenkt. Die Kurzgeschichte findet meist in vergleichenden Definitionen zu anderen Prosagattungen wie Roman und Novelle Erwähnung. Ein Hauptmerkmal der Kurzgeschichte ist der Eindruck von Geschlossenheit, da sie im Gegensatz zum Roman in einem Zug gelesen werden kann. Aufgrund des begrenzten Umfangs der *short story* ist auch die Handlung (engl. *plot*) sehr selektiv sowie die Zeit auf einen zentralen Moment des Geschehens komprimiert. Der langsame, schrittweise Aufbau der Spannung im Roman muß in der *short story* durch spezielle Techniken beschleunigt werden. Die Handlung der Kurzgeschichte setzt oft am Höhepunkt (*in medias res*) ein, wobei vor allem Rückblenden (engl. *flashback*) die vorausgegangenen Ereignisse bzw. den Kontext erläutern. Auch der Ort (engl. *setting*) und die Personen der Handlung (engl. *characters*) sind meist weniger detailliert als im Roman gezeichnet und konzentrieren sich meist auf einen Charakter bzw. einen Ort. Der Stil (engl. *style*) der Kurzgeschichte wird daher oft als suggestiv (andeutend), der des Romans als deskriptiv (beschreibend) bezeichnet. Wird im Roman mit unterschiedlichen Erzählperspektiven (engl. *point of view* oder *narrative perspective*) experimentiert, behält die *short story* meist einen *point of view* bei, indem die Handlung aus der Sicht einer Person oder eines Erzählers wiedergegeben wird. Eine Zwischenstellung zwischen Roman und Kurzgeschichte nimmt die Novelle (engl. *novella* oder *novelette*) ein, die aufgrund ihres Umfangs und erzähltechnischer Elemente keiner der beiden Prosaformen eindeutig zuordenbar ist, wie zum Beispiel Joseph Conrads (1857-1924) *Heart of Darkness* (1902).

Novelle

Dimensionen narrativer Texte

Wie die Gegenüberstellung der wichtigsten Merkmale des Romans und der *short story* zeigt, umfassen die Erklärungen unterschiedliche Ansätze: rezeptionsästhetische Gesichtspunkte, wenn es um das Lesen ohne Unterbrechung geht; formale Aspekte in der Gestaltung des Plots und kontextuelle Herangehensweisen in der Abgrenzung gegenüber anderen vergleichbaren Genres. Begriffe wie Plot, Zeit, Charakter, Setting, Erzählperspektive und Stil tauchen nicht nur in den Definitions- und Erklärungsversuchen des Genres Roman auf. Sie stellen auch die wichtigsten Bereiche in der Textanalyse der Kurzgeschichte dar und werden in der Auseinandersetzung mit anderen Genres wie Film und Drama angewendet. Da sie in der Prosa am offensichtlichsten und leichtesten nachzuweisen sind, werden diese Aspekte anhand von Beispielen aus Kurzgeschichte und Roman näher erläutert. Zu den wichtigsten Elementen zählen:

Plot	(Was geschieht?)
Charakter	(Wer handelt?)
Erzählperspektive	(Wer sieht was?)
Setting	(Wo und Wann geschieht etwas?)

a) Plot

Unter Plot bzw. Handlung (engl. *plot*) versteht man das logische Ineinanderwirken von unterschiedlichen inhaltlichen Elementen eines Textes, die eine Veränderung der Ausgangssituation bewirken. Im Idealfall läßt sich der Handlungsverlauf in vier aufeinanderfolgende Bereiche einteilen:

traditioneller Plot

Exposition ➤ Komplikation ➤ Höhe- oder Wendepunkt ➤ Auflösung

Die Exposition oder Erläuterung der Ausgangssituation (engl. *exposition*) wird durch eine Komplikation (engl. *complication* oder *conflict*) gestört, wodurch Spannung (engl. *suspense*) erzeugt wird, die zu einem Höhe- oder Wendepunkt (engl. *climax, crisis* oder *turning point*) führt. Mit dem Höhepunkt erfolgt die Auflösung *der* Komplikation (engl. *resolution*; franz. *denouement*) und meist das Ende des Textes. Die traditionelle Prosa sowie das Drama als auch der Film bedienen sich grundsätzlich dieser Plot-Struktur. Entspricht die Handlung diesem Schema, nennt man dies einen linearen Handlungsverlauf (engl. *linear plot*), da die verschiedenen Elemente des Plots chronologisch aufeinanderfolgen.

linearer Handlungsverlauf:
Ausgangssituation
Komplikation
Höhe- bzw. Wendepunkt
Auflösung

Das absurde Drama und der experimentelle Roman brechen mit der linearen Erzählstruktur, wobei die Grundelemente des traditionellen Plots nicht fehlen müssen, sondern in verschlüsselter Form vorliegen können. In sehr vielen Fällen – zum Teil auch in linearen Plots – wird durch Rückblenden (engl. *flashback*) und Vorwegnahmen (engl. *foreshadowing*) Information aus der Vergangenheit bzw. Zukunft eingebracht. Die Eingangsszene in Billy Wilders (1906-2002) Film *Sunset Boulevard* (1950) ist ein Beispiel des *foreshadowing*-Effekts im Film. Der Ich-Erzähler, ein Drehbuchautor, treibt tot in einem Schwimmbecken und erzählt posthum in chronologischer Abfolge die Ereignisse, die zu seinem Tod geführt haben. Der einzige Bruch mit einem linearen Plot ist die Vorwegnahme des Filmendes (Tod des Hauptdarstellers), wodurch wichtige Elemente der Handlung wie die Spannung eliminiert werden. Die Aufmerksamkeit des Publikums kann nun verstärkt auf andere Aspekte des Films gelenkt werden (vgl. dazu Kapitel II.4: Film).

alinearer Handlungsverlauf

Rückblende
Vorwegnahme

Viele zeitgenössische Romane versuchen, die lineare Struktur zu verändern und Elemente des Plots in gemischter Reihenfolge im Text zu präsentieren. Kurt Vonneguts (*1922) postmoderner Roman *Slaughterhouse-Five* (1969) ist ein Beispiel für eine experimentelle Plot-Struktur, in dem der amerikanische Autor mehrere Handlungs- und Zeitebenen vermischt: die Erlebnisse eines jungen Soldaten im Zweiten Weltkrieg, sein Leben in Amerika nach dem Krieg sowie eine Science-Fiction-artige Traumebene, in der der Protagonist auf einen Planeten entführt wird. Alle drei Ebenen sind im Roman bruchstückhaft vermischt, wobei sowohl die Handlungsebenen versetzt erscheinen als auch die zeitliche Abfolge innerhalb dieser Ebenen nicht chronologisch geordnet ist. Kurt Vonnegut gibt eine Erklärung für diese komplexe Plot-Struktur, indem er seinen Protagonisten über die unkonventionelle Literatur des außerirdischen Volkes auf dem Planeten Tralfamadore berichten läßt.

experimentelle Plotstrukturen

> Tralfamadorian [...] books were laid out – in brief clumps of symbols separated by stars. [...] each clump of symbols is a brief, urgent message – describing a situation, a scene. We Tralfamadorians read them all at once, not one after the other. There isn't any particular relationship between all the messages, except that the author has chosen them carefully, so that, when seen all at once, they produce an image of life that is beautiful and surprising and deep. There is no beginning, no middle, no end [...]. What we love in our books are the depths of many marvellous moments seen at one time.[3]

Kurt Vonnegut spricht hier über die Struktur seines eigenen Romans, der aus fragmentarischen Teilen aufgebaut ist. Im Bewußtsein des Protagonisten überlagern sich Handlungs- und Zeitebenen ständig und scheinen alle gleichzeitig präsent zu sein. Durch diese Technik des durchbrochenen Handlungsverlaufs, die traditionelle Plot-Elemente auf unkonventionelle Art einbaut, vermittelt der Autor das gespaltene Bewußtsein des Protagonisten durch gleichzeitiges Aufzeigen seiner verschiedenen Erlebniswelten.

Literatur als Zeitkunst

Diese Erzählweise macht Anleihen bei der Malerei, die sich durch eine von der traditionellen Literatur verschiedene Struktur auszeichnet. Literatur wird oft als Zeitkunst (engl. *temporal art*) bezeichnet, da sich Handlung in zeitlicher Aufeinanderfolge von Ereignissen entwickelt. Im Gegensatz dazu gilt die bildende Kunst als Raumkunst (engl. *spatial art*), da ein Gemälde meist einen Augenblick eines Geschehens darstellt und in einem Augenblick wahrgenommen werden kann. Vonnegut und mit ihm viele experimentelle Autoren versuchen, diese Struktur der Malerei auf literarische Texte zu übertragen. Die vielperspektivische Erzählweise, die einem linearen Plot entgehen will, läßt sich in verschiedenen Genres wie Film und Drama, aber auch anhand anderer Elemente wie Erzählperspektive oder Charakterisierung der Personen in modernen Texten nachzeichnen.

Malerei als Raumkunst

b) Charakter

Charakterpräsentation

Die formalistisch-strukturalistischen Ansätze der Literaturwissenschaft orientieren sich vor allem an Handlungsverlauf (Plot) und Fragen der erzählerischen Vermittlung, während in den von der Psychoanalyse beeinflußten Richtungen die handelnden Personen im Zentrum des Interesses stehen. Es lassen sich allerdings nicht nur psychologisierend inhaltliche Aussagen über Charaktere (engl. *character*) bzw. Figuren eines Textes machen, sondern es können auch erzähltechnische Aspekte anhand der Charakterpräsentation (engl. *character presentation*) analysiert werden. Die Charakterpräsentation in verschiedenen Genres bewegt sich zwischen Typisierung und Individualisierung als zwei extremen Positionen. Der typenhaft skizzierte Charakter, der durch eine dominante Eigenschaft bestimmt ist, wird als *flat character* bezeichnet. Werden komplexe Eigenschaften oder differenzierte Wesenszüge dargestellt, spricht man von einem *round character*.

Typisierung

Die Typisierung arbeitet allgemeine Charakterzüge heraus, die stellvertretend für eine Gruppe von Personen stehen können. In der mittelalterlichen Literatur wurde diese Art der allegorischen Personencharakterisierung gern verwendet, wobei Laster, Tugenden oder philosophisch-religiöse Positionen personifiziert wurden. Ein geläufiges Beispiel unter einer Vielzahl analoger Erscheinungen ist die Jedermann-Figur als Symbol für den sündigen Christen. In der Gegenwart wird eine typisierende Charakterisierung vor allem in der Werbung angewendet. Sowohl in Zeitschriftenanzeigen oder Plakaten als auch in filmischen Medien wie TV-Werbespots erlangt der Typ eine Wiederbelebung. Die zeitliche und räumliche Begrenzung von Werbeträgern führt zu dieser im Mittelalter so geläufigen allegorischen und symbolträchtigen Charakterisierungsart zurück.

Individualisierung

Der Gegenpol zu dieser Praxis ist die Individualisierung des Charakters, die sich als Grundzug des Romans erweist. Moderne Texte zeichnen sich durch eine Spannung zwischen diesen beiden Personendarstellungen aus, indem sie beide Elemente gleichzeitig einsetzen. Herman Melvilles (1819-1891) Roman *Moby Dick* (1851) verbindet allegorische und individuelle Charakterelemente, um der Handlung eine über das Individuum hinausreichende Dimension zu verleihen.

Ein Beispiel für die aussagekräftige Verwendung der typifizierenden Methode als Ausgangspunkt einer differenzierten Charakterisierung ist die Eingangsszene in Mark Twains (1835-1910) Kurzgeschichte "A True Story" (1874).

It was summer-time, and twilight. We were sitting on the porch of the farmhouse, on the summit of the hill, and "Aunt Rachel" was sitting respectfully below our level, on the steps – for she was our servant, and colored. She was a mighty frame and stature; she was sixty years old, but her eye was undimmed and her strength unabated. She was a cheerful, hearty soul, and it was no more trouble for her to laugh than it is for a bird to sing. [...] I said: "Aunt Rachel, how is it that you've lived sixty years and never had any trouble?" She stopped quaking: She paused, and there was a moment of silence. She turned her face over her shoulder toward me, and said, without even a smile in her voice. "Misto C–, is you inarnest?"[4]

Betrachtet man diese Eingangsszene ausschließlich im Hinblick auf die Charakterdarstellung, die anfänglich nicht viel mehr als Typen umfaßt, so vermittelt diese formale Anordnung aussagekräftige Inhalte. Die signifikante Konstellation wird in einem Satz geschildert: "'Aunt Rachel' was sitting respectfully below our level, on the steps – for she was our servant, and colored." Durch die Anrede "Misto C–, is you inarnest?" wird diese Anordnung weiter spezifiziert. Es stehen sich Afro-Amerikaner und Weiße gegenüber, Sklave und Sklavenhalter aber auch Frau und Mann. Twain zeichnet damit in wenigen Worten eine strukturelle Beziehung zwischen zwei Charaktertypen, die ein vielschichtiges Abhängigkeitsverhältnis repräsentieren. Er verwendet diese typifizierende Charakterisierung aus mehreren Gründen: als Stilmittel der Kurzgeschichte, die keine überlangen Charakterisierungen erlaubt und als aussagekräftigen Rahmen für die sich entwickelnde Geschichte. Unter dem Einfluß von afrikanisch-amerikanischer und feministischer Literaturwissenschaft werden die Mechanismen von "race, class, and gender" als ähnlich funktionierende Strukturen in den Mittelpunkt von Analysen gestellt. Wenn Twain eine schwarze, weibliche Sklavin einem weißen, männlichen Sklavenhalter gegenüberstellt, werden diese Unterdrückungsstrukturen in ihren extremsten Formen hervorgehoben. Eine Farm im amerikanischen Süden als Setting, vor allem aber die räumliche Anordnung der Personen übereinander ("'Aunt Rachel' was sitting respectfully *below* our level, on the steps"), unterstreichen die Unterdrückungsstruktur, die den bloßen Charaktertypen innewohnt.

Präsentationsmethoden

Sowohl typifizierte als auch individualisierte Charaktere müssen in einem Text durch bestimmte Präsentationsmethoden vermittelt werden. Man kann zwischen dem Zeigen und dem Erklären als zwei grundlegenden Arten der Charakterisierung in Texten unterscheiden. In der erklärenden Methode (engl. *telling*) wird die Person durch einen Erzähler beschrieben, wie z.B. Mr. Rochester durch die Protagonistin Jane Eyre im gleichnamigen Roman (1847) von Charlotte Brontë (1816-1855).

telling

> Mr. Rochester, as he sat in his damask-covered chair looked different to what I had seen him look before; not quite so stern – much less gloomy. There was a smile on his lips, and his eyes sparkled, whether with wine or not, I am not sure; but I think it very probable. He was, in short, in his after dinner mood [...].[5]

Der Charakter wird durch den Filter eines auswählenden und interpretierenden Erzählers geschildert, wie dieses Beispiel aus dem Viktorianischen Roman zeigt. Durch diese Technik tritt der Erzähler augenscheinlich in den Vordergrund und stellt sich als wertende Instanz zwischen Handlung und Leser, wobei zwischen mehreren Erzählperspektiven (vgl. Abschnitt in diesem Kapitel) gewählt werden kann.

Soll diese Beeinflussung durch den Erzähler vermieden werden oder weniger deutlich in den Vordergrund treten, verwendet man eine dramatische oder zeigende Charakterisierung (engl. *showing*). Diese Präsentationsmethode erzeugt den Eindruck, als ob der Leser ähnlich wie im Drama die agierenden Personen direkt beobachten könnte. Das Bild einer Person wird durch ihre Handlungen und Aussagen im Text ohne zwischengeschalteten Kommentator präsentiert. Oft genannte Beispiele sind Texte Ernest Hemingways (1899-1961), der durch eine „dramenartige" Präsentation der Dialoge der Figuren einen „objektiven" Effekt erzielen will.

showing

> "Will you have lime juice or lemon squash?" Macomber asked.
> "I'll have a gimlet," Robert Wilson told him.
> "I'll have a gimlet too. I need something," Macomber's wife said.
> "I suppose it's the thing to do," Macomber agreed. "Tell him to make three gimlets."[6]

In der für Hemingway typischen Art wird die Fassade der Charaktere abgebildet, indem nur äußerliche Aspekte (Handlung und Dialog) wiedergegeben werden. Damit wird eine scheinbare Objektivität erzeugt, die Interpretation und Beurteilung der Figur dem Leser überläßt. Die dramatische Charakterisierung kann natürlich nur den Eindruck einer objektiveren Schilderung vermitteln und muß notgedrungen perspektivisch bleiben.

Wie die Ausführungen gezeigt haben, kann zwischen zwei grundlegenden Arten von Charakteren (rund – flach) und zwischen zwei generellen Präsentationsformen (zeigend – erklärend) unterschieden werden:

Arten von Figuren

typifizierte Figur	**individualisierte Figur**
flach	rund

Präsentationsformen

erklärende Methode	**zeigende Methode**
Erzählung	Dialog – Monolog

Ähnlich wie die Typifizierung meist in Verbindung mit Individualisierung auftritt, kommt es in der Praxis fast immer zu Überlagerungen zwischen erklärender und zeigender Präsentationsform. Da der Erzähler oft selbst eine handelnde Person im Text darstellt, ist das Problem der Charakterpräsentation indirekt mit der Frage nach der Erzählperspektive verbunden. Aus diesem Grund kommt es in der folgenden Besprechung der Erzählperspektive zu Überschneidungen mit bereits erwähnten Aspekten.

c) Erzählperspektive

Erzählperspektive

Unter Erzählperspektive (engl. *point of view* oder *narrative perspective*) versteht man die Art und Weise, wie Personen, Ereignisse oder Schauplätze – also die zentralen Elemente der Handlung – in einem Text präsentiert werden. Die vielfältigen Erzählhaltungen, die sich mit dem Aufkommen des Romans entwickelten, können vereinfacht auf drei grundlegende Positionen reduziert werden: je nachdem, ob die Handlung dem Leser durch eine außenstehende, nicht spezifizierte Erzählinstanz (auktorial), durch eine beteiligte Person (Ich-Erzählung) oder völlig kommentarlos (personal) vermittelt wird. Diese Dreiteilung kann nur wichtige extreme Ausformungen andeuten, die im Regelfall kaum in den hier vorgestellten Reinformen, sondern meist in Überlagerungen verschiedener Erzählsituationen auftreten. Auch darf diese Übersicht nicht darüber hinwegtäuschen, daß eine umfassende Systematik eine Reihe von Faktoren berücksichtigen müßte, die hier aus Platzgründen ungenannt bleiben.[7] Die wichtigsten Erzählsituationen in der Prosa können folgendermaßen schematisch geordnet werden:

drei wichtige Ezählsituationen

Auktoriale Erzählsituation	**Ich-Erzählsituation**
durch außenstehenden Erzähler, der auf Protagonisten in der dritten Person verweist	durch Protagonisten oder durch Nebenfigur

Personale Erzählsituation
durch handelnde Person

auktoriale Erzählsituation

Die auktoriale Erzählsituation (engl. *omniscient point of view*) kennzeichnet Texte, in denen auf die handelnden Personen ausschließlich in der dritten Person verwiesen wird und deren Handlung aus einer allwissenden Perspektive wiedergegeben ist. Vielfach findet sich auch der ungenaue Terminus Erzählung in der dritten Person (engl. *third person narration*). In der auktorialen Erzählsituation können Ort, Zeit und Geschehen beliebig gewechselt bzw. unterschiedliche Informationen, die außerhalb des Wissens der handelnden Personen liegen, dem Leser durch die vermittelnde Instanz des Erzählers mitgeteilt werden. So verwendet Jane Austen (1775-1817) einen solchen allwissenden Erzähler im Roman *Northanger Abbey* (1818):

> No one who had ever seen Catherine Moreland in her infancy, would have supposed her born to be a heroine. Her situation in life, the character of her father and mother, her own person and disposition, were equally against her. Her father was a clergyman, without being neglected, or poor, and a very respectable man, though his name was Richard — and he had never been handsome. He had a considerable independence, besides two good livings — and he was not in the least addicted to locking up his daughters. Her mother was a woman of useful plain sense, with a good temper, and, what is more remarkable, with a good constitution.[8]

Wie dieses Beispiel zeigt, kann der auktoriale Erzähler in der Zeit zurückgehen ("Catherine Moreland in her infancy") oder vorausblicken ("to be a heroine") und besitzt genaue Informationen über verschiedene Personen des Romans ("Her situation in life ... Her father ... Her mother..."). Diese auktoriale Erzählhaltung fand vor allem im traditionellen Epos Anwendung, wurde aber auch im frühen Roman häufig eingesetzt.

Ich-Erzählsituation

Von einer Ich-Erzählsituation (engl. *first person narration*) oder Erzählung in der ersten Person spricht man, wenn das Geschehen von einer handelnden Figur erzählt wird, die auf sich selbst in der ersten Person verweist, wobei die Handlung dieser Ich-Erzählung entweder aus der Sicht des Protagonisten oder einer Nebenfigur vermittelt werden kann.

Protagonist

Der Großteil der Romane in Ich-Erzählung setzt den Protagonisten (engl. *protagonist* oder *main character*) als Erzähler ein, wie zum Beispiel Laurence Sternes (1713-1768) *Tristram Shandy* (1759-1767) oder Charles Dickens' (1812-1870) *David Copperfield* (1849-1850). Die Eingangssätze von J.D. Salingers (*1919) *The Catcher in the Rye* (1951) weisen auf jene Tradition von Ich-Erzählung durch den Protagonisten hin. "If you really want to hear about it, the first thing you'll probably want to know is where I was born, and what my lousy childhood was like, and how my parents were occupied and all before they had me, and all that David Copperfield kind of crap, but I don't feel like going into it."[9] Das Ziel der Ich-Erzählungen durch den Protagonisten ist eine möglichst getreue Wiedergabe der Erlebnisse und Gefühle des Erzählers aus einer subjektiven Perspektive.

Nebenfigur

Diese Nähe zum Protagonisten kann durch Einsatz einer Nebenfigur (engl. *minor character*) als Ich-Erzähler bewußt vermieden werden. Viele Romane, die um eine zentrale Figur angelegt sind wie Herman Melvilles (1819-1891) *Moby Dick* (1851) oder F. Scott Fitzgeralds (1896-1940) *The Great Gatsby* (1925), erreichen mit Hilfe dieser Technik eine Mystifizierung des Protagonisten. Die Eingangsworte von *Moby Dick* "Call me Ishmael" kommen von der Nebenfigur Ishmael, der in der Folge Ahab, den Kapitän und mysteriösen Protagonisten des Romans, beschreibt. In *The Great Gatsby* erzählt Nick, der nur an der Peripherie des Geschehens steht, die Ereignisse um den großen Unbekannten Gatsby. Der Autor nimmt also durch den gezielten strukturellen Einsatz der Erzählperspektive inhaltliche Aspekte vorweg.

personale Erzählsituation

Tritt der Erzähler (engl. *narrator*) gänzlich in den Hintergrund, so daß die Handlung scheinbar durch die agierenden Personen des Textes wiedergegeben wird, spricht man von einer personalen Erzählsituation (engl. *figural narrative situation*). Diese Technik, die sich erst relativ spät im modernen Roman entwickelt hat, wird von Autoren häufig eingesetzt, wenn der Leser dazu angehalten werden soll, sich selbst ein Urteil zu bilden. Das folgende Beispiel aus James Joyces (1882-1941) *A Portrait of the Artist as a Young Man* (1916) gibt das Geschehen aus der personalen Perspektive des Protagonisten wieder.

The fellows had seen him running. They closed round him in a ring, pushing one against another to hear.
– Tell us! Tell us!
– What did he say? [...]
He told them what he had said and what the rector had said and, when he had told them, all the fellows flung their caps spinning up into the air and cried:
– Hurroo! [...]
The cheers died away in the soft grey air. He was alone. He was happy and free.[10]

Wie dieses Zitat zeigt, kann auch die personale Erzählsituation durch verschiedene Präsentationsformen vermittelt werden. Hier werden zum Beispiel direkte Rede und gedankliche Reflexion dazu eingesetzt, die Handlung aus dem persönlichen Blickwinkel des Protagonisten wiederzugeben. Im Vergleich zur auktorialen Erzählsituation ist diese Form der Erzählung in der dritten Person perspektivisch an eine Figur der Handlung gebunden.

stream of consciousness technique

Werden nicht die äußerlichen Aspekte der Handlung, sondern fast ausschließlich die Gedanken einer Figur wiedergegeben, spricht man von *stream of consciousness technique*, zu der auch der innere Monolog (engl. *interior monologue*) und die erlebte Rede (engl. *free indirect discourse*) gezählt werden. Auch hier tritt der Erzähler in den Hintergrund, läßt scheinbar die Gedanken eines Charakters sprechen und vermittelt das Geschehen durch die psychischen Reaktionen einer handelnden Person. Diese Präsentationsform, die Assoziationsketten im Unterbewußten einer fiktiven Person wiedergibt, steht für eine tiefgreifende geistesgeschichtliche Veränderung in den ersten Jahrzehnten des 20. Jahrhunderts. Unter dem Einfluß der Psychoanalyse Sigmund Freuds verlagerte sich die Aufmerksamkeit in der Literatur von soziologisch beschreibenden Anliegen des 19. Jahrhunderts auf psychische Phänomene des Individuums. James Joyce gilt als einer der Erfinder dieser Technik, die am Ende seines Romans *Ulysses* (1922) in einer viele Seiten umfassenden assoziativen Aneinanderreihung von Gedanken des Charakters Molly Bloom ihren Höhepunkt erreicht. In der amerikanischen Literatur ist William Faulkners Roman *The Sound and the Fury* (1929) ein bekanntes Beispiel für den Einsatz der *stream of con-*

sciousness technique. Dort werden unter anderem Eindrücke und Ereignisse aus der inneren Perspektive einer geistig behinderten Figur wiedergegeben. Am Beginn des 20. Jahrhunderts wurde in der literarischen Strömung des Modernismus mit diesen Erzähl- und Charakterisierungstechniken experimentiert, so daß sie als wichtigste Strukturmerkmale der Texte dieser Epoche gelten.

vielperspektivische Erzählsituation

Ein gutes Beispiel für die Privilegierung der Innenperspektive ist Virginia Woolfs (1882-1941) Roman *Mrs Dalloway* (1925), der das Geschehen nicht nur durch die Gedanken *einer* Person wiedergibt, sondern mehrere Charaktere dazu heranzieht. Wie der Titel andeutet, steht zwar der Charakter Clarissa Dalloways im Mittelpunkt, jedoch beschreibt Virginia Woolf das Romangeschehen auch durch die Perspektiven verschiedener anderer Personen. Die meisten Figuren treffen irgendwann mit Clarissa Dalloway zusammen, reagieren auf sie und geben dadurch über einen neuen Charakterzug der Protagonistin Aufschluß. Im Ineinanderwirken der verschiedenen Gedanken und einer Reihe anderer struktureller Elemente erhält der Roman eine in sich geschlossene Form. Er ist ein Beispiel für einen sich gegenseitig bedingenden Einsatz von Erzählperspektive, Charakterpräsentation, Setting und Plotgestaltung.

Wechsel der Erzählsituation

Im modernen oder postmodernen Roman werden diese Techniken vordergründig eingesetzt, so daß es innerhalb eines Textes zu einem Wechsel der Erzählsituation kommt, um inhaltliche Veränderungen unterschiedlicher Art hervorzuheben. So beginnt die kanadische Schriftstellerin Margaret Atwood (*1939) den ersten Teil ihres Romans *The Edible Woman* (1969) als Ich-Erzählung der Protagonistin. Der zweite Abschnitt des Romans wird dann in personaler Erzählsituation wiedergegeben, um so die Entfremdung der Protagonistin von sich selbst zu unterstreichen. "Marian was sitting listlessly at her desk. She was doodling on the pad for telephone messages. She drew an arrow with many intricate feathers, then a cross-hatch of intersecting lines. She was supposed to be working [...]."[11] Als Marian am Ende des Romans ihre Identität wiederentdeckt, wechselt Atwood zur ursprünglichen Ich-Erzählweise zurück. "I was cleaning up the apartment. It had taken me two days to gather the strength to face it, but I had finally started. I had to go about it layer by layer" (289). Etwas später läßt Atwood die Protagonistin über diesen Wechsel der Erzählhaltung reflektieren, wenn Marian meint: "Now that I was thinking of myself in the first person singular again I found my own situation much more interesting" (290). Atwoods Roman ist ein gutes Beispiel dafür, wie inhaltliche Aspekte eines Textes (Identitätsverlust der Ich-Erzählerin) durch erzähltechnische Mittel verstärkt und auf einer strukturellen Ebene eingebracht werden können.

d) Setting

Setting

Das Setting (engl. *setting*) ist ein weiterer Aspekt, der traditionellerweise in der Besprechung von Prosa behandelt wird, jedoch in unterschiedlicher Intensität auch für andere Genres Bedeutung hat. Der Begriff Setting bezeichnet Örtlichkeit, historische Zeit und soziale Umstände, in denen die Handlung eines Textes spielt. In James Joyces (1882-1941) *Ulysses* (1922) ist das Setting genau definiert (Dublin, am 16. Juni 1904), in anderen Fällen wie in Shakespeares (1564-1616) *Hamlet* (ca. 1601) weiß man nur, daß sich das Geschehen im mittelalterlichen Dänemark ereignet. Das Setting wird normalerweise vom Autor bewußt gewählt, um Handlung, Charakter und Erzählperspektive zu unterstützen. In den seltensten Fällen wird das Setting um seiner selbst willen eingesetzt.

Wechselwirkung von *setting* und *plot*

In gewissen Prosaformen wie dem Schauerroman (engl. *gothic novel*) gehört das Setting zu den wichtigsten Elementen. So beschreibt E.A. Poe (1809-1849) am Beginn seiner Kurzgeschichte "The Fall of the House of Usher" (1840) detailliert ein Gebäude, in dem sich die Handlung der Schauergeschichte ereignen wird. Interessant ist hier, daß Poe das Setting (House of Usher) so schildert, daß es stellvertretend für die Hauptperson des Geschehens, den Hausherrn Roderick Usher, steht.

I know not how it was – but, with the first glimpse of the building, a sense of insufferable gloom pervaded my spirit. [...] I looked upon the scene before me – upon the mere house, and the simple landscape features of the domain – upon the bleak walls – upon the vacant eye-like windows – upon a few rank sedges – and upon a few white trunks of decayed trees – with an utter depression of soul which I can compare to no earthly sensation [...]. Perhaps the eye of a scrutinising observer might have discovered a barely perceptible fissure, which, extending from the roof of the building in front, made its way down the wall in a zigzag direction, until its way down became lost in the sullen waters of the tarn.[12]

Die Beschreibung der Fassade des Hauses mit Worten wie "features", "eye-like", "depression" erinnert an das Gesicht eines Menschen; "white trunks of decayed trees" verweist auf das Ende des Stammbaums der nachkommenlosen Familie Usher. Das Setting spiegelt die gespaltene, im Verfall begriffene Psyche des Hausherrn Roderick Ushers direkt wider. Am Ende der Geschichte wird der Tod Ushers parallel zum Einsturz des Hauses beschrieben. Mit dieser Technik gelingt es Poe, eine offensichtliche Wechselwirkung zwischen Setting, Charakter und Plot herzustellen.

experimenteller Einsatz des Settings

Auch der modernistische Roman *Mrs Dalloway* (1925) von Virginia Woolf (1882-1941) benützt das Setting, um die fragmentierte Erzählperspektive durch einen Rahmen zu einigen. Wie bereits erwähnt, verwendet Woolf die gedanklichen Reflexionen mehrerer Figuren des Romans, um die Protagonistin Clarissa Dalloway zu charakterisieren. Bemerkenswert ist hierbei, daß Woolf in der Präsentation der verschiedenen Perspektiven den Eindruck von Gleichzeitigkeit vermitteln will. Durch eine Reihe von Indikatoren im Text wird der Leser über Ort und Zeit jedes bestimmten Ereignisses genau informiert. Die Handlung spielt in der Stadt London, wo die verschiedenen inneren Monologe der Personen örtlich durch Straßennamen und Sehenswürdigkeiten gebunden sind. Zeitliche Verweise sind z.B. das Schlagen des Big Ben und ein Flugzeug, das Kunststücke am Himmel ausführt. Bereits am Anfang des Romans baut Woolf örtliche und zeitliche Elemente des Settings ein, die später aus der Perspektive anderer Figuren wieder auftauchen, um die Gleichzeitigkeit der verschiedenen Monologe sichtbar zu machen.

Mrs. Dalloway said she would buy the flowers herself. [...] For having lived in Westminster – how many years now? over twenty, – one feels even in the midst of the traffic, or walking at night, Clarissa was positive, a particular hush, or solemnity; an indiscernible pause; a suspense (but that might be her heart, affected, they said, by influenza) before *Big Ben strikes*. There! Out it boomed. First a warning, musical; then the hour, irrevocable. The leaden Circles dissolved in the air. Such fools we are, she thought, crossing *Victoria Street*. [...] in the triumph and the jingle and the strange high singing of some *aeroplane* overhead was what she loved; life; *London*; this moment of June. For it was the *middle of June*. The *War was over* [...].[13]

Virginia Woolf macht hier Anleihen bei der bildenden Kunst, indem sie versucht, formale Elemente des Kubismus in die literarische Praxis umzusetzen. Der gleichzeitige Einsatz verschiedener Perspektiven zur Charakterisierung ist ein zentrales Anliegen der kubistischen Kunsttheorie, die ebenfalls ein Objekt aus verschiedenen simultanen Blickwinkeln darstellen will.

Dieses Beispiel zeigt noch einmal, daß sich die einzelnen Ebenen eines Prosatextes wie Plot, Setting, Erzählperspektive und Charaktere meist gegenseitig bedingen und nur in Relation zueinander ihre eigentliche Aussagekraft erhalten.

2. Lyrik

Lyrikbegriff

Lyrik (engl. *poetry*) gehört zu den ältesten Genres der Literaturgeschichte und hat bereits in der Antike einen Großteil ihrer heutigen Formen hervorgebracht. Trotz der langen Tradition entzieht sich Lyrik wie keine andere Gattung Definitions- und Eingrenzungsversuchen. Etymologisch geht der Begriff Lyrik auf das griechische Musikinstrument „Lyra" zurück und verweist damit auf einen Ursprung im Umfeld der Musik. In der Antike und teilweise auch im Mittelalter trug ein Sänger begleitet von der Lyra oder einem anderen Musikinstrument Gedichte (engl. *poem*) vor. Der Begriff

Poesiebegriff

poem bzw. *poetry* geht hingegen auf das griechische Wort „poieo" – „machen" zurück. Der Poet ist derjenige, der Verse „macht". Die Etymologien geben zwar über einige Aspekte des Lyrischen bzw. Poetischen Aufschluß, können aber keine umfassende Erklärung des Phänomens bieten.

Fast alle großen englischen und amerikanischen Dichter wie Wordsworth, Coleridge, Pound oder Eliot haben Lyrik oder "poetic language" der Prosa gegenübergestellt oder sich an Definitionen von *poetry* versucht. Der Großteil dieser Eingrenzungsvorschläge geht davon aus, daß Lyrik traditionellerweise Charakteristika wie Vers, Reim und Metrum aufweist und sich dadurch von der Prosa unterscheidet. Diese Kriterien treffen weitgehend auf klassische Formen zu, können aber nur begrenzt auf moderne Prosagedichte oder experimentelle Lyrik angewendet werden. Sinnvoller erschei-

poetische Sprache

nen jene Ansätze, die poetische Sprache mit linguistischen Merkmalen in Verbindung bringen, die außerhalb von Reim und Metrum liegen. Dabei werden Wortwahl sowie der bewußte Einsatz von syntaktischen Strukturen und rhetorischen Figuren als lyrische Phänomene untersucht. Die Tatsache, daß diese Elemente in bestimmten Arten von Lyrik dominieren, darf nicht darüber hinwegtäuschen, daß sich dieselben stilistischen Eigenschaften zum Teil auch im Drama oder in der Prosa finden. Läßt sich auch keine allgemein gültige Definition von Lyrik erarbeiten, vermitteln die oben genannten Kriterien doch ein ungefähres Bild jener Eigenheiten, die Lyrik zugeschrieben werden.

erzählende Lyrik

Generell wird zwischen erzählender Lyrik und Erlebnislyrik unterschieden. Als erzählende Lyrik (engl. *narrative poetry*) werden Gattungen wie Epos, Romanze und Ballade bezeichnet, die eine Geschichte mit klar ersichtlicher *Handlung* erzählen. In diesen langen "poems" steht vor allem der Plot im Mittelpunkt des Textes (vgl. Kapitel III.1: Prosa). In der kürzeren Erlebnislyrik (engl. *lyric poetry*), auf die sich die folgenden Ausführungen konzentrieren, liegt das Hauptaugenmerk auf *einem* Erlebnis, Eindruck oder einer Idee.

Erlebnislyrik

Rätsel
Zaubersprüche

Lyrische Formen finden sich bereits in der altenglischen Literatur als Rätsel (engl. *riddles*) und Zaubersprüche (engl. *charms*). Zaubersprüche, wie ein Reim für die Heilung von Geschwüren, erscheinen aus heutiger Perspektive fremdartig:

Beule, Beule, Beulenkücken, / hier sollst du dich nicht niederlassen noch Wohnung nehmen, / sondern sollst nach Norden fort auf den nahen Berg, / wo du Armselige einen Bruder hast. / Er wird dir ein Blatt unter den Kopf legen. / Unter den Wolfsfuß, unter die Adlerfeder, / unter die Adlerklaue: für immer sollst du schwinden! / Schrumpfe wie Kohle auf dem Herd! / Schrumpfe wie Mist in der Wand, / und schwinde wie Wasser im Eimer! / So klein sollst du werden wie ein Leinsamenkorn, / und viel kleiner als ein Spinnenbein, / und so klein sollst du werden, daß du nichts wirst![14]

Diese religiös magischen Zaubersprüche wie die althochdeutschen *Merseburger Zaubersprüche* (aufgez. 10. Jh. n. Chr.) stehen in vielen Ländern am Beginn der nationalsprachlichen Literaturen. Wie in der Besprechung der Anfänge des Literarischen erwähnt wurde, hat der magisch-kultische Bereich in hohem Maß zur Fixierung und Verschriftung von Texten beigetragen.

Lied

Im Mittelenglischen finden sich auch kurze Gedichte, wie das anonyme Kuckuckslied (ca. 1250), die von einem Instrument begleitet als Liedtexte gesungen werden konnten.

Cuccu	Kuckuck
Summer is icumen in, Lhude sing, cuccu! Groweth sed and bloweth med And springth the wde nu; Sing cuccu!	Der Sommer ist herbeigekommen, sing laut, Kuckuck! Es wächst die Saat, und die Wiese grünt, und der Wald schlägt nun aus; sing, Kuckuck![15]

lautmalerisches Element

In diesem mittelenglischen Beispiel kommt das lautmalerische Element (engl. *onomatopoeia*) des Kuckucksrufs gut zur Geltung. Die lautliche Komponente ist wie der Einsatz von Bildern (engl. *imagery*) ein typisch lyrisches Element (vgl. unten). In modernen Liedtexten lebt diese lyrische Einheit des Musikalischen und Sprachlichen weiter. Sänger wie Bob Dylan zählt man oft zu den Lyrikern der späten fünfziger und sechziger Jahre, da sich ihre Liedtexte mit Gedichten vergleichen lassen.

Elegie

Bereits im Altenglischen wurden antike lyrische Formen wie die Elegie (engl. *elegy*), die oft eine Klage um einen Verstorbenen thematisiert, wieder aufgegriffen und neu adaptiert. Bekannte Beispiele aus späterer Zeit sind Walt Whitmans (1819-1892) "When Lilacs Last in the Dooryard Bloom'd" (1865-1866) oder Thomas Grays (1716-1771) "Elegy Written in a Country Churchyard" (1753), auf die später im Zusammenhang von poetischer Sprache kurz eingegangen wird.

Ode

In der Renaissance wurde auch die in der Antike geläufige Ode (engl. *ode*) neu belebt und in den darauffolgenden Epochen verwendet. Sie besteht wie z.B. John Keats' (1795-1821) "Ode on a Grecian Urn" (1820) aus mehreren Strophen, die ein ernstes, meist klassisches Thema zum Inhalt haben. Die wichtigste Gedichtform der englischen Literatur mit einheitlichem Reimschema ist das Sonett (engl. *sonnet*), das seit der Renaissance bevorzugt zur Behandlung des Themas „weltliche Liebe" verwendet wird (vgl. Abschnitt c) rhythmisch-akustische Ebene in diesem Kapitel).

Sonett

Ähnlich wie in der Prosa lassen sich in der Besprechung von Lyrik einige Elemente oder Aspekte isolieren, die bei der Analyse immer wieder nützlich sind. Die folgenden Bereiche sind nicht auf Lyrik beschränkt, sie stehen jedoch hier im Zentrum der Aufmerksamkeit. Ein wichtiger und zugleich kontroversieller Begriff ist *image* oder *imagery*. Das Wort selbst geht auf das lateinische „imago" – „Bild" zurück und verweist vorwiegend auf eine visuell-bildliche Komponente eines Textes, die aber auch Eindrücke anderer Sinne miteinschließen kann. *Imagery* wird gerne als allgemeines Merkmal des „konkreten" Charakters von Lyrik genannt. Steht auch ein abstraktes Thema im Zentrum eines Gedichtes, setzt der Dichter dennoch bildhafte Sprache ein, um das Thema leichter begreifbar zu machen. Diese Konkretheit der poetischen Sprache kann auf drei Ebenen erreicht werden, die gleichzeitig die wichtigsten Elemente der Lyrik miteinschließen: eine sprachlich-inhaltliche, visuell-optische und rhythmisch-akustische Ebene:

imagery

Dimensionen der Lyrik

sprachlich-inhaltliche Ebene
Diktion
Rhetorische Figuren
Ton

visuell-optische Ebene
Konkrete Poesie

rhythmisch-akustische Ebene
Reim und Metrum
Lautmalerei

a) sprachlich-inhaltliche Ebene

sprachlich-inhaltliche Ebene

Die Frage nach der Erzählinstanz, die in der Besprechung von Prosa unter Erzählperspektive und teilweise im Zusammenhang mit Charakter behandelt wurde, wird in der Lyrik meist unter dem Begriff Sprecher (engl.

voice oder *speaker*) erfaßt. Da Lyrik als Ausdrucksmedium subjektiver Erlebnisse betrachtet wird – eine Annahme, die nicht immer den Tatsachen entspricht –, stellt sich in der Analyse von Gedichten die Frage nach dem lyrischen Ich (engl. *lyrical I*). Hier wird untersucht, ob der Sprecher im Gedicht mit dem Autor gleichgesetzt werden kann. Auch in der Behandlung von Prosa findet diese Frage Beachtung, jedoch wird in Roman und Kurzgeschichte durch einen differenzierten und bewußten Einsatz der Erzählperspektiven eine Distanz zwischen Erzähler und Autor geschaffen.

Sprecher

lyrisches Ich

In lyrischen Langformen kann die Erzählsituation ebenso komplex sein wie in einem Roman oder einer Kurzgeschichte. Ein Beispiel ist S.T. Coleridges (1772-1834) Ballade "The Rime of the Ancient Mariner" (1798). Hier wird in einer Rahmenhandlung (engl. *frame narrative*), die das Geschehen in personaler Erzählsituation vermittelt, davon berichtet, wie ein Hochzeitsgast von einem unheimlichen Seemann angesprochen wird. "It is an ancyent Mariner, / And he stoppeth one of three" (1-2). Der Seemann gibt daraufhin seine Erlebnisse auf See in einer ausführlicheren Ich-Erzählung wieder. "Listen, Stranger! Storm and Wind, / A Wind and Tempest strong! / For days and weeks it play'd us freaks" (45-47). Durch Einbettung der Geschichte des "Mariners" in eine Rahmenerzählung wird die Handlung der Ballade auf zwei Ebenen (Rahmenhandlung und eigentliche Handlung) sowie in zwei unterschiedlichen Erzählperspektiven (personale und Ich-Erzählsituation) vermittelt. Die Ballade (engl. *ballad*) nimmt eine Art Zwitterstellung zwischen epischen Langformen und lyrischen Kurzformen ein, da sie trotz gut entwickelten Plots und differenzierter Erzählperspektive an Umfang und Komplexität nicht an Epos oder Romanze heranreicht.

Ballade

Noch deutlicher als der Einsatz einer differenzierten Erzählinstanz vermittelt die Verwendung poetischer Sprache einen eigenständigen Charakter der Lyrik. Eine verbreitete Praxis ist hier der Einsatz konkreter Substantiva und Szenen, um einen „dinghaften" Charakter des Textes zu erreichen. So benützt Thomas Gray (1716-1771) in seiner "Elegy Written in a Country Churchyard" (1751), die von der Vergänglichkeit des Menschen handelt, konkrete Bilder wie einen Friedhof, das Läuten einer Glocke, einen vom Pflügen heimkehrenden Bauern, Dunkelheit und Grabsteine. Ausdrucksstarke Objekte oder Szenen werden beschrieben, um dem Gedicht Konkretheit zu verleihen, obwohl das eigentliche Thema der Vergänglichkeit abstrakt ist. Auf ähnliche Weise arbeitet auch eine Elegie W.H. Audens (1907-1973).

„dinghafte" Sprache

Stop all the clocks, cut off the telephone,
Prevent the dog from barking with a juicy bone,
Silence the pianos and with muffled drum
Bring out the coffin, let the mourners come. [...]

He was my North, my South, my East, my West,
My working week and my Sunday rest,
My noon, my midnight, my talk, my song;
I thought that love would last for ever: I was wrong.

The stars are not wanted now: put out every one;
Pack up the moon and dismantle the sun;
Pour away the ocean and sweep up the wood;
For nothing now can ever come to any good.[16]

Wie dieses Gedicht aus dem Jahr 1936 zeigt, bedient sich Auden bewußt konkreter Objekte ("juicy bone", "sun") und alltäglicher Situationen ("working week", "Sunday rest"), um das Thema Trauer so zu behandeln, daß der Zuhörer auf einer ihm vertrauten und daher emotional behafteten Ebene angesprochen wird. Während philosophische Texte auch in ihrem Ausdruck abstrakt bleiben, will die Lyrik ihre Themen durch eine „dinghafte" Sprache vermitteln, so daß Objekte und Szenen des Gedichtes im Geist des Lesers konkrete Formen annehmen. Im Idealfall stellt das Gedicht selbst ein solches kompaktes *image* dar.

Symbol

Images oder konkrete Objekte haben oft noch die zusätzliche Funktion eines Symbols (engl. *symbol*), wenn sie auf eine Bedeutung verweisen, die über das Materielle hinausgeht. Ein Kreuz bedeutet in der christlichen Vorstellungswelt weit mehr als zwei gekreuzte Holzbalken. Der Dichter kann entweder auf ein konventionelles, allgemein anerkanntes Symbol (engl. *conventional symbol*) wie das Kreuz zurückgreifen oder ein eigenes (engl. *private symbol*) erzeugen, das innerhalb des Textes eine symbolische Funktion erhält. Ein Beispiel für ein *private symbol* ist der Albatros in S.T. Coleridges "The Rime of the Ancient Mariner" (1798). Im Laufe des Gedichts wird dieser getötete Vogel immer deutlicher zu einem Symbol der natürlichen Ordnung, die durch den Menschen verletzt wurde. Der Albatros erhält erst durch den Kontext in Coleridges Ballade den Status eines weiterreichenden Symbols.

rhetorische Figuren

Ein weiteres stilistisches Merkmal ist der Einsatz von rhetorischen Figuren (engl. *rhetorical figures* bzw. *figures of speech*). Es handelt sich dabei um eine Vielzahl von klassifizierten stilistischen Formen, die sich dadurch auszeichnen, daß Sprache in ihrer „nicht-wörtlichen" Bedeutung verwendet wird. Die Rhetorik unterscheidet zwischen mehr als 200 Stilfiguren. Davon sind die zwei in der Lyrik gebräuchlichsten das Simile und die Metapher.

Simile

Das Simile (engl. *simile*) ist ein Vergleich zwischen zwei verschiedenen Dingen, die meist durch "like", "than", "as" oder "compare" verbunden sind, wie in Robert Burns' (1759-1796) Gedicht "A Red, Red Rose" (1796):

Oh, my love is like a red, red rose
That's newly sprung in June;
My love is like the melody
That's sweetly played in tune.

Metapher

Wird jedoch ein Ding mit einem anderen gleichgesetzt und nicht verglichen, so spricht man von einer Metapher (engl. *metaphor*). Wenn Burns statt "Oh, my love *is like* a red, red rose" sagte: "My love *is* a red, red rose", dann würde sich das Simile in eine Metapher verwandeln. William Blake (1757-1827) verwendet am Beginn seines Gedichts "Auguries of Innocence" (ca. 1803) in jedem Vers eine andere Metapher:

To see a world in a grain of sand
And a heaven in a wild flower,
Hold infinity in the palm of your hand
And eternity in an hour.

Einmal wird ein Sandkorn als Metapher für die Welt verwendet, dann eine Blume für den Himmel usw. In der Metapher und auch im Simile stehen sich immer zwei Elemente gegenüber: der sogenannte *tenor* (die Person, das Objekt oder die Idee), mit dem das *vehicle* (oder *image*) gleichgesetzt bzw. verglichen wird. In "Oh, my love is like a red, red rose" fungiert "my love" als *tenor* und "red rose" als *vehicle*. Rhetorische Figuren werden in der Lyrik verstärkt eingesetzt, weil sie eine nicht-wörtliche Bedeutung erzeugen bzw. einen abstrakten und komplexen *tenor* auf ein konkretes, dinghaftes *vehicle* reduzieren können. Damit unterstützen rhetorische Figuren den konkreten Charakter der Lyrik.

bildliche Geschlossenheit

In der Literaturtheorie wird im Zusammenhang mit Lyrik gerne von bildlicher Geschlossenheit gesprochen und das Gedicht als "verbal icon" oder „sprachliches Bild" bezeichnet. Ein bekanntes Beispiel für den Einsatz von sogenannter Bildlichkeit (engl. *imagery*), um diesen geschlossenen und bildähnlichen Charakter zu erreichen, ist John Keats' (1795-1821) "Ode on a Grecian Urn" (1820), in welcher der romantische Lyriker eine bemalte griechische Vase beschreibt. Durch eine detaillierte Schilderung von verschiedenen bildlichen Szenen wird das Gedicht mit einer Vase gleichgesetzt. Das Gedicht soll so an der geschlossenen Form des bildlichen Kunstwerks teilhaben, wofür verschiedene *images* verwendet werden, um das Bild der Vase als Ganzes nachzuzeichnen.

Thou still unravished bride of quietness,
Thou foster child of silence and slow time,
Sylvan historian, who canst thus express
A flowery tale more sweetly than our rhyme.

Der Vers "Thou foster child of silence and slow time" besagt, daß auf der Vase als einem Kunstwerk die Zeit still steht und der Mensch durch künstlerisches Schaffen seine eigene Vergänglichkeit überwinden kann. Selbst wenn der Künstler längst tot ist, wirkt das Kunstwerk – wie hier nach über 2000 Jahren – noch so wie in der Stunde seiner Schöpfung. Die Ode als klassische Gedichtform wird hier von Keats dazu verwendet, eine antike griechische Vase zu beschreiben. Die bildlichen Darstellungen auf der Vase stehen den Versen des Gedichtes gegenüber: "who canst thus express / A flowery tale more sweetly than our rhyme." In der letzten Strophe geht Keats konkret auf die runde geschlossene Form der Vase als Vorbild für die Lyrik ein, wenn er meint:

O Attic shape! Fair attitude! with brede
Of marble men and maidens overwrought,
With forest branches and the trodden weed;
Thou, silent form, dost tease us out of thought
As doth eternity: Cold Pastoral!

Die "silent form" der attischen Vase ist das beherrschende konkrete Bild des Gedichtes, das jedoch nicht um seiner selbst willen eingesetzt wird, sondern um über das konkrete Objekt hinauszuweisen. Durch die Verwendung des Vasen-Bildes wird bildende Kunst und Literatur gegenübergestellt bzw. die geschlossene Struktur der Vase als Vorbild für Lyrik verwendet, aber auch die Beständigkeit des Kunstwerks gegenüber der Vergänglichkeit des Menschen gepriesen. Das *image* der Vase erfüllt also in diesem Gedicht eine dreifache Funktion: als Symbol für bildende Künste, als Vorbild für die Form von Lyrik und als konkretes Objekt, um ein abstraktes Thema (Vergänglichkeit) zu behandeln.

Imagismus

In den ersten zwei Jahrzehnten des 20. Jahrhunderts hat sich die Strömung des Imagismus (engl. *imagism*) jenes bildhaften Ausdrucks in der Lyrik verstärkt angenommen. Das literaturtheoretische Programm dieser „Schule", dessen schillerndste Figur der Amerikaner Ezra Pound (1885-1975) ist, bestand darin, Lyrik auf wesentliche Bilder zu reduzieren. Das deutsche Wort „dichten" wurde als „verdichten" (lat. *condensare*) aufgefaßt, um Lyrik auf essentielle „Bilder" bzw. *images* – daher auch der Name Imagismus – zurückzuführen. Lyrik hat nach Pound ohne ornamentales Beiwerk größtmögliche Aussagekraft zu erzielen. Am besten bringt Pound dieses Anliegen in einem seiner Manifeste (1913) zum Ausdruck, wo er das *image* folgendermaßen definiert: "An 'Image' is that which presents an intellectual and emotional complex in an instant of time. [...] It is better to present one Image in a lifetime than to produce voluminous works."[17] Eine praktische Umsetzung des Imagismus ist das folgende Gedicht Pounds aus dem Jahr 1916:

IN A STATION OF THE METRO
The apparition of these faces in the crowd;
Petals on a wet, black bough.

Diesem Gedicht gingen mehrere längere Versionen voraus, bis Pound den Text schließlich auf drei Verse reduzierte, indem er ein expressionistisches Bild zur Darstellung einer Menschenmenge in einer U-Bahnstation verwendet. Er erwähnt zuerst die Menschen im Dunkel der Metro-Station, um sie dann mit den Blüten auf einem dunklen, nassen Ast zu vergleichen. Pound greift auf ein bildhaftes Element zurück, das gleichzeitig ein verbreitetes Thema der chinesischen Naturmalerei darstellt, wodurch die bildhafte Qualität des Ausdrucks noch einmal unterstrichen wird.

japanisches Haiku

Direkte Vorbilder dieser „kondensierten" Art der Dichtung waren für Pound die japanischen Haikus, die ebenfalls drei Zeilen umfassen und thematische Analogien wie Verweise auf Tages- oder Jahreszeiten beinhalten. Diese japanischen Kurzgedichte, die meist in chinesischer Bilderschrift dargestellt sind, können die bildlich-konkrete Dimension, die die Imagisten so faszinierte, um einiges besser vermitteln als unsere alphabetische Schrift. Die Bilderschrift des Chinesischen, die Schrift und Bild gleichzeitig ist, übte den größten Einfluß auf die Imagisten aus, die mit ihren Worten den Lesern reine Bilder vor Augen führen wollten. Das weitgehende Fehlen der bildlichen Dimension der alphabetischen Schrift sollte durch die gezielte Verdichtung der Sprache zu neuen *images* im Englischen wettgemacht werden.

b) visuell-optische Ebene

Eine andere Strömung, die sich wie die Imagisten mit der bildlichen Dimension auseinandersetzt, jedoch nicht auf der rein sprachlichen Ebene stehen bleibt, ist die Konkrete Poesie (engl. *concrete poetry*). Wird in der traditionellen Lyrik das *image* als rein sprachliche Umsetzung von Objekten verstanden, geht die Konkrete Poesie durch die Betonung der optischen Gestalt einen Schritt weiter in Richtung visuelle Kunst. Diese Strömung, die im 20. Jahrhundert einen Aufschwung erlebte, hat eine lange Tradition von der Antike über das lateinische Mittelalter bis ins England des 17. Jahrhunderts. Zu den bekannten Bildgedichten der englischen Literatur gehören George Herberts (1593-1633) "Easter Wings" (1633) und "The Altar" (1633):

visuell-optische Ebene

Konkrete Poesie

The Altar

A broken Altar, Lord, Thy servant rears,
Made of a heart and cemented with tears;
Whose parts are as Thy Hand did frame;
No workman's tool hath touched the same.

A heart alone
Is such a stone,
As nothing but
Thy power doth cut.
Wherefore each part
Of my hard heart
Meets in this frame
To praise Thy frame
To praise Thy name,

That if I chance to hold my peace,
These stones to praise Thee may not cease.
Oh, let Thy blessed sacrifice be mine,
And sanctify this altar to be Thine.

Herberts Gedicht vermittelt sowohl ein visuelles wie ein verbales *image* eines Altars, den der Dichter aus Teilen, die Gott ihm zur Verfügung gestellt hat, errichtet. Die Bausteine des Altars sind Worte, die Herbert in Form eines Altars zusammensetzt, wobei er an die christliche Tradition anknüpft, in der das *Wort* am Beginn alles Seins steht („Im Anfang war das Wort, und das Wort war bei Gott und Gott war das Wort", *Joh.* 1,1). Herbert baut aus Worten einen Opfertisch bzw. Altar) und übergibt darauf Gott sein eigenes Gedicht.

Eine ebenfalls spielerische visuell-sprachliche Anordnung ist das folgende abstrakte Gedicht des amerikanischen Lyrikers E.E. Cummings (1894-1962):

l(a

le
af
fa

ll

s)
one
l

iness

Der Text des Gedichtes kann folgendermaßen rekonstruiert werden: "a leaf falls loneliness" bzw. "l(a leaf falls)oneliness".[18] E.E. Cummings verwendet ein einzelnes vom Baum fallendes Blatt als konventionelles Motiv für Einsamkeit, ordnet den Vers jedoch nicht horizontal sonderen vertikal an, um das Fallen des Blattes von oben nach unten optisch umzusetzen. Im Akt des Lesens kann das Auge den Weg des Blattes von oben nach unten, aber auch seine Hin-und-Her-Bewegung von links nach rechts verfolgen. Innerhalb gewisser „Verse" ist diese Bewegung noch durch Kreuzstellungen hervorgehoben. Unter Kreuzstellung oder Chiasmus (engl. *chiasmus*; vom griechischen Buchstaben „X") versteht man eine kreuzartige Anordnung von Worten in einem Gedicht. Hier wird ein Chiasmus durch die Buchstabenfolge

Kreuzstellung Chiasmus

af
fa

und durch zwei Klammern erreicht, von denen eine nach rechts und eine nach links offen ist. Dieses Gedicht besitzt noch weitere optische Elemente, die die inhaltliche Ebene ergänzen. So stehen in der Mitte des Gedichtes die zwei "ll" des Wortes "falls". Diese beiden Buchstaben können leicht als zwei "I" für die erste Person Singular gelesen werden und damit den Fall aus der Zweisamkeit in die Einsamkeit verdeutlichen. In der Ein-samkeit oder l-one-liness steht dann nur mehr ein "I" oder:

one
l

Wie dieses Gedicht von Cummings zeigt, wird gerade in der experimentellen Lyrik mit der bildlichen Komponente von Sprache und Schrift experimentiert und eine Wechselwirkung beider Dimensionen angestrebt. Durch möglichst „konkrete" Gestaltung poetischer Sprache wird das Gedicht selbst in ein „Objekt" verwandelt.

c) rhythmisch-akustische Ebene

rhythmisch-akustische Ebene

Zur Erlangung jener Konkretheit oder Dinghaftigkeit der Sprache wird in der Lyrik auch Klang und Ton als bedeutungstragendes Element eingesetzt. Durch Wortwahl wird ein Klang oder Ton erzeugt, der in direkter Wechselwirkung zur Bedeutung der Aussage steht. Ähnlich wie das visuelle Erscheinungsbild in der Konkreten Poesie die inhaltliche Dimension des Gedichts widerspiegelt, kann in Gedichten das klangliche Element die inhaltliche Aussage unterstreichen. Ein Beispiel, das diese Technik vorführt und in einem Gedicht anspricht, sind die Verse 365-372 aus Alexander Popes (1688-1744) "Essay on Criticism" (1711):

True ease in writing comes from art, not chance,
As those move easiest who have learned to dance.
'Tis not enough no harshness gives offense,
The sound must seem an echo to the sense:
Soft is the strain when Zephyr gently blows,
and the smooth stream in smoother numbers flows;
But when loud surges slash the sounding shore,
The hoarse, rough verse should like the torrent roar.

In den ersten Versen weist Pope darauf hin, daß in einem guten Gedicht Inhalt und Klang übereinstimmen und eine Einheit bilden sollen ("The sound must seem an echo to the sense"). Als Beispiel führt er den Westwind (Zephyr) in den Versen 5 und 6 an, deren weiche Laute die Geräusche und das leichte Heulen des Windes wiedergeben. Die Verse 7 und 8 imitieren mit ihren harten Lauten das Rauschen der Meeresbrandung.

Metrum

Zur akustischen Dimension von Lyrik zählen neben Lautmalerei auch Metrum (engl. *meter*) und Reim (engl. *rhyme* oder *rime*), die in der Literaturwissenschaft als relativ leicht objektivierbare, meßbare Größen einen sehr hohen Stellenwert besitzen. Die kleinsten Elemente des Metrums sind Silben (engl. *syllable*), die entweder betont oder unbetont sein können. Je nach Abfolge von betonten und unbetonten Silben spricht man von verschiedenen Versfüßen (engl. *foot* bzw. *feet*), deren Anzahl Aufschluß über das Versmaß oder Metrum gibt. Zur Analyse des Metrums werden Verszeilen eines Gedichtes zuerst in Silben eingeteilt. Als Beispiel dient hier der Vers "The woods are lovely, dark and deep" aus Robert Frosts (1874-1963) Gedicht "Stopping by the Woods on a Snowy Evening" (1923):

The – woods – are – love – ly, – dark – and – deep

betonte und unbetonte Silben *scansion*

Nach der Einteilung in Silben wird bestimmt, welche betonte Silben ´(engl. *stressed syllable*) und welche unbetonte Silben ˘(engl. *unstressed syllable*) sind; man bezeichnet diesen Vorgang als engl. *scansion*.

Thĕ – woóds – ăre – lóve – lȳ, – dárk – ănd – deép

Versfuß

Je nach Abfolge von betonten und unbetonten Silben kann im Englischen zwischen mehreren Versfüßen (engl. *feet*) unterschieden werden:

Thĕ – woóds | – ăre – lóve | – lȳ, dárk | – ănd – deép

Die vier wichtigsten Versfüße sind:

Jambus

1. Jambus (engl. *iambus* oder *iambic foot*): auf eine unbetonte Silbe folgt eine betonte Silbe (˘ ´)

Thĕ cúr | fĕw tólls | thĕ knéll | ŏf pár | tĭng dáy

Anapäst

2. Anapäst (*anapest* oder *anapestic foot*): auf zwei unbetonte Silben folgt eine betonte Silbe (˘ ˘ ´)

Ănd thĕ sheén | ŏf theĭr spéars | wăs lĭke stárs | ŏn thĕ seá

Trochäus

3. Trochäus (*trochee* oder *trochaic foot*): auf eine betonte Silbe folgt eine unbetonte Silbe (´ ˘)

Thére thĕy | áre, my̆ | f´fty̆ | mén ănd | wómĕn

Daktylus

4. Daktylus (*dactyl* oder *dactylic foot*): auf eine betonte Silbe folgen zwei unbetonte Silben (´ ˘ ˘)

Júst fŏr ă | hándfŭl ŏf | s´lvĕr hĕ | léft ŭs

Metrum

In der traditionellen Metrik wird je nach Anzahl der Versfüße zwischen Monometer (1), Dimeter (2), Trimeter (3), Tetrameter (4), Pentameter (5), Hexameter (6) etc. unterschieden. Will man das Metrum eines Verses beschreiben, wird der Name des Versfußes und die Anzahl der Versfüße angegeben. So bezeichnet man den Anfangsvers in Thomas Grays "Elegy Written in a Country Churchyard" ("Thĕ cúr | fĕw tólls | thĕ knéll | ŏf pár | tĭng dáy"), der aus fünf Jamben aufgebaut ist, als jambischen Pentameter oder fünfhebigen Jambus. Dieses dem Rhythmus der natürlichen Sprache ähnliche und daher in Lyrik und Drama sehr beliebte Versmaß wird auch als Blankvers (engl. *blank verse*) bezeichnet. Ebenfalls weit verbreitet ist im Englischen der sechshebige Jambus, der auch Alexandriner (engl. *Alexandrine*) genannt wird.

Blankvers

Alexandriner

Reim

Neben dem Metrum trägt vor allem der Reim (engl. *rime* oder *rhyme*) zur klanglich-rhythmischen Dimension eines Gedichtes bei. Man unterscheidet im Englischen generell zwischen *internal rhyme, end rhyme* und *eye rhyme*. Zu den *internal rhymes* zählen Alliteration und Assonanz. Unter Stabreim bzw. Alliteration (engl. *alliteration*) versteht man das Wiederholen eines anlautenden Konsonanten innerhalb eines Verses ("*r*ound and *r*ound the *r*ugged *r*ock the *r*agged *r*ascal *r*an"). Wird statt des Konsonanten ein Vokal (entweder als Anlaut oder innerhalb von Worten) wiederholt, spricht man von Assonanz (engl. *assonance*) ("Thou foster ch*i*ld of s*i*lence and slow t*i*me").

internal rhyme

Alliteration

Assonanz

Alliteration oder Stabreim war das gebräuchlichste Reimschema in der altenglischen und einem Teil der mittelenglischen Dichtung. Bekannte Beispiele für dieses alliterative Metrum sind das mittelenglische *Sir Gawain and the Green Knight* (14. Jh.) und *Piers Plowman* (ca. 1367-1370), in denen Alliteration und Betonung einander ergänzen. Die Eingangsverse zu William Langlands (ca. 1330-1386) "long poem" *Piers Plowman* lauten:

> In a sómer séson, || whan sóft was the sónne
> I shópe me in shroúdes, || as Í a shépe were,
> In hábits like a héremite, || unhóly of wórkes
> Went wýde in this wórld, || wónders to hére.

Dieses Metrum zeichnet sich dadurch aus, daß in jeder Verszeile vier betonte Silben vorkommen, die noch zusätzliche Alliterationen aufweisen. Die Zahl der unbetonten Verse ist weitgehend variabel. Der Vers ist in der Mitte durch eine sogenannte *caesura*, einen Sinneinschnitt, in zwei Teile getrennt.

Endreim

Das häufigere Reimschema in modernen Gedichten ist der Endreim (engl. *end rhyme*), der sich dadurch auszeichnet, daß die Silben am Ende bestimmter Verszeilen identisch sind. Für die Beschreibung und Darstellung dieses Reimschemas werden gleiche Endsilben mit gleichen Buchstaben des Alphabets gekennzeichnet, wie hier in Emily Brontës (1818-1848) "Remembrance" (1846):

> Cold in the earth – and in the deep snow piled above thee, a
> Far, far removed, cold in the dreary grave! b
> Have I forgot, my only Love, to love thee, a
> Served at last by Time's all-severing wave? b

Diese Kennzeichnung ermöglicht es, bei komplex aufgebauten Gedichten die Struktur in einem formelhaften Überblick darzustellen.

eye rhyme

Eine Zwitterstellung zwischen visueller und akustischer Dimension eines Gedichtes nimmt der *eye rhyme* ein, der mit Schreibweise und Aussprache von Wörtern spielt wie hier in S.T. Coleridges (1772-1834) "Kubla Khan" (1816):

> Then reached the caverns measureless to man,
> And sank in tumult to a lifeless ocean:
> And 'mid this tumult Kubla heard from far
> Ancestral voices prophesying war!

Die beiden letzten Silben der ersten Verse "an" sind ein Beispiel für einen *eye rhyme*, da sie zwar die gleiche Buchstabenfolge besitzen aber verschieden ausgesprochen werden.

Strophe

Sonett

Die Vielzahl von Strophen (engl. *stanzas*) in der englischen Lyrik läßt sich auf einige Grundformen reduzieren. Durch die Kombination von *couplet* (2 Verse), *tercet* (3 Verse) und *quatrain* (4 Verse) werden die meisten Gedichtformen gebildet. Ein Beispiel für den bausteinartigen Aufbau ist das Sonett (engl. *sonnet*). Je nach Reimschema und Stanzenart wird zwischen *Shakespearean, Spenserian* und dem *Italian* bzw. *Petrarchan Sonnet* unterschieden. In der Renaissance waren unter italienischem Einfluß Sonettzyklen beliebt, die aus einer Reihe von inhaltlich zusammenhängenden Gedichten bestanden und dem Dichter die Möglichkeit gaben, ein bestimmtes Thema ausführlicher zu behandeln.

English oder *Shakespearean Sonnet*

Zur Illustration des Aufbaus eines Sonetts bietet sich das verbreitete *English* oder *Shakespearean Sonnet* an, das aus drei *quatrains* und einem *couplet* besteht. Das Metrum der 14 Verszeilen sind jambische Pentameter, die dem Reimschema *abab cdcd efef gg* folgen. Shakespeares (1564-1616) Sonett "That time of year thou may'st in me behold" (1609) erfüllt diese Kriterien:

That time of year thou may'st in me behold a
When yellow leaves, or none, or few, do hang b
Upon those boughs which shake against the cold, a
Bared ruined choirs, where late the sweet birds sang. b
In me thou see'st the twilight of such day c
As after sunset fadeth in the west; d
Which by-and-by black night doth take away, c
Death's second self that seals up all in rest. d
In me thou see'st the glowing of such fire e
That on the ashes of his youth doth lie, f
As the deathbed whereon it must expire, e
Consumed with that which it was norished by. f
This thou perceiv'st, which makes thy love more strong, g
To love that well which thou must leave ere long. g

Jedes einzelne Segment (die drei *quatrains* und das *couplet*) dieses Sonetts besteht aus je einem zusammenhängenden Satz. Die vier Sätze werden durch Wortwiederholungen inhaltlich verbunden: So heißt es im ersten Vers "in me behold", im fünften und neunten "In me thou see'st" und im dreizehnten "This thou perceiv'st". In jedem *quatrain* wird ein *image* vorgestellt, das sich in das Thema des gesamten Gedichtes einfügt und auf das *couplet* hinarbeitet. So wird in der ersten Stanze von blattlosen Ästen gesprochen, in der zweiten von der untergehenden Sonne bzw. Dunkelheit und in der dritten vom ausgehenden Feuer. Damit verwendet Shakespeare Bilder aus unterschiedlichen Erfahrungsbereichen, die die Zeichen der Sterblichkeit des Menschen begreifbar machen. Im *couplet* werden diese Zeichen, die im Gesicht des Sprechers sichtbar sind, mit Liebe in Verbindung gebracht. Shakespeare sieht also in der Todgeweihtheit des Menschen indirekt den Grund für die Liebe zwischen Menschen. Dieses Sonett demonstriert deutlich die enge Beziehung zwischen formalen und inhaltlichen Elementen. Eine so direkte Verbindung der verschiedenen Ebenen wie beim Sonett liegt nicht in allen Arten von Gedichten vor. Gerade in der experimentellen Lyrik werden diese starr anmutenden Strukturen meist verlassen und neue, „offene Formen" wie Prosagedichte hervorgebracht.

Die sprachlich-inhaltlichen, visuell-optischen und rhythmisch-akustischen Bereiche, die hier zur Beschreibung des Phänomens Lyrik behandelt wurden, werden in traditionellen Gedichten als sich gegenseitig bedingende Ebenen eingesetzt. Die Idee eines Gedichtes bzw. sein *image* wird so auf mehreren Ebenen verstärkt, wodurch wie in kaum einem anderen Genre eine Geschlossenheit (engl. *unity*) des Textes erzeugt werden kann.

3. Drama

Dramabegriff

Im Gegensatz zum Epos, das im Griechischen das „Gesprochene" bzw. „Erzählte" bedeutet, oder zur Lyrik, die in ihrem Namen das musikalische Element hervorhebt, steht im Drama (engl. *drama*) die „Handlung" als „Aufführung" auf der Bühne im Mittelpunkt. Das Wort Drama geht auf das griechische „drao" (tun, handeln) zurück und verweist auf die Aufführung oder Repräsentation durch handelnde Personen. Während die beiden anderen Genres das geschriebene oder gesprochene Wort als einziges Ausdrucksmedium einsetzen, bedienen sich die Darstellenden Künste (engl. *performing arts*) neben Sprache einer Reihe nonverbaler, vorwiegend optisch-visueller Mittel wie Bühne, Bühnenbild, Szenenfolge, Mimik, Gestik, Schminke, Requisiten und Beleuchtung.

Dionysoskult als Ursprung des Dramas

Die Ursprünge des Dramas liegen im rituell-kultischen Bereich, der noch im klassisch-griechischen Drama (5. Jh. v. Chr.) in stilisierter Form präsent war. Tragödien und Komödien wurden im Rahmen von Festspielen zu Ehren des Weingottes Dionysos aufgeführt. Während in der Antike das Drama zu den wichtigen literarischen Gattungen zählte, trat es im Mittelalter weitgehend in den Hintergrund. Nach der Jahrtausendwende wurden einfache Formen wie die Mysterienspiele (engl. *mystery* und *miracle play*) entwickelt, die religiös-allegorische oder biblische Themen aus dem Umfeld der christlichen Liturgie in Form von Theaterspielen adaptierten und auf dem Platz vor der Kirche aufgeführt wurden. Diese mittelalterlichen Schauspiele wirkten mit den römischen Dramen der Antike von Plautus (ca. 254-184 v. Chr.) und Seneca (ca. 4 v. Chr.-65 n. Chr.) auf das spätere Renaissance-Drama ein, das mit Shakespeare seinen Höhepunkt in der Neuzeit erreichte.

Mysterienspiele

Tragödie

Während über die Komödie in der klassischen Literaturtheorie nichts überliefert ist, thematisiert Aristoteles (384-322 v. Chr.) in seiner *Poetik* Wesen und Elemente der Tragödie (engl. *tragedy*). Im sechsten Buch der *Poetik* bezeichnet er die Tragödie als „Nachahmung einer edlen und abgeschlossenen Handlung", die „mit Hilfe von Furcht und Mitleid eine Reinigung" bewirkt.[19] Diese Vorfälle bewirken seiner Meinung nach das Phänomen der Katharsis oder Reinigung (engl. *catharsis*). Das Publikum wird durch die Betrachtung der tragischen Vorgänge auf der Bühne „seelisch" geläutert. Die Komödie (engl. *comedy)* hingegen hat heitere Themen zum Inhalt, die das Publikum unterhalten sollen. Sie wird oft als stilisierte Weiterführung primitiver Regenerationskulte wie die symbolische Ablösung des Winters durch den Frühling gesehen, da die Komödie normalerweise in „fruchtbarer" Symbolik mit einer Hochzeit endet.

Katharsis

Komödie

Historisches Drama

Das Historische Drama (engl. *history play*) wird erst in der Renaissance mit Shakespeares Aufarbeitung der englischen Geschichte in Form von Schauspielen (z.B. *Richard II*, *Henry IV*) entwickelt. Diese Dramenform bearbeitet eine historische Begebenheit oder Persönlichkeit, geht aber durch Gegenwartsbezüge über das eigentlich Geschichtliche hinaus, um den historischen Stoff zur Darstellung allgemein menschlicher Schwächen und Tugenden zu benützen. Oft wird ein vordergründig historischer Kontext gewählt, um unter dem Deckmantel der Geschichte sozio-politische Mißstände ohne Gefahr der Zensur thematisieren zu können.

Parodie dramatischer Gattungen

William Shakespeare (1564-1616) und Christopher Marlowe (1564-1593), die antike Formen des Dramas wie Tragödie und Komödie wiederbelebten und weiterentwickelten, reflektierten bereits über unterschiedliche dramatische Genres, wie eine Passage aus Shakespeares *Hamlet* (ca. 1601) zeigt: "The best actors in the world, either for tragedy, comedy, history, pastoral, pastoral-comical, historical-pastoral, tragical-historical, tragical-comical-historical-pastoral, scene individable, or poem unlimited" (Shakespeare, *Hamlet*, II, 2, 378-381). Shakespeare parodiert verschiedene Mischformen, die sich generell auf die drei Grundformen von Tragödie, Komödie und Historisches Drama zurückführen lassen.

Aufgrund moralisch-religiöser Dogmen kam es während des sogenannten Commonwealth (1649-1660) der Puritaner unter Oliver Cromwell zur Schließung der englischen Theater, wodurch das Drama weitgehend an Bedeutung verlor. Der Einfluß der Religion auf das Drama, der in England zeitlich relativ begrenzt war (bis zur Restauration der Monarchie im Jahr 1660), hatte in Amerika weitreichendere Konsequenzen. Durch die starke Stellung des Puritanismus in der amerikanischen Geschichte fehlt das Drama in der frühen Phase der amerikanischen Literatur fast vollständig und setzt erst im 20. Jahrhundert als ernstzunehmende Gattung ein.

Restoration Comedy

Im Zeitalter der Restauration war in England die *Comedy of Manners* oder *Restoration Comedy* sehr beliebt, die hauptsächlich Bürger der gehobenen Schicht in witzigen Dialogen darstellt. Bekannte Beispiele hierfür sind William Congreves (1670-1729) *The Way of the World* (1700) oder William Wycherleys (1640-1716) *The Country Wife* (ca. 1672). Ebenfalls weitverbreitet ist das Heroische Drama (engl. *heroic drama*) dieser Zeit wie John Drydens (1631-1700) *All for Love* (1677), das sich weitgehend am Epos orientiert und versucht, epische Themen dramatisch umzusetzen. In der Romantik bzw. im frühen 19. Jahrhundert findet sich in England die Sonderform des Lesedramas (engl. *closet drama*), das nicht zur Aufführung, sondern zur individuellen Lektüre bestimmt war. Bekanntes Beispiel dieser ungewöhnlichen Dramenform ist Percy Bysshe Shelleys (1792-1822) *Prometheus Unbound* (1820).

Heroisches Drama

Lesedrama

Mit Realismus und Naturalismus im späten 19. Jahrhundert, die erstmals soziale Mißstände auf breiter Basis thematisierten, entwickelt sich das Drama in England wieder zu einem dominanten Genre, das in Wechselwirkung zur Prosa steht (vgl. Kapitel IV: Epochen der anglo-amerikanischen Literaturgeschichte). George Bernhard Shaw (1856-1950) und Oscar Wilde (1854-1900) zählen zu den wichtigsten englischsprachigen Vertretern. Als Reaktion auf diese Strömung, die um eine möglichst realistische Darstellung der Wirklichkeit auf der Bühne bemüht war, sind die großen Richtungen des Theaters im 20. Jahrhundert zu verstehen. Das expressionistische Theater (engl. *expressionist theater*) und das absurde Theater (engl. *theater of the absurd*) brechen mit jener Illusion der Imitation von Wirklichkeit im Schauspiel und gehen neue, abstraktere Wege. Analog zum postmodernen Roman parodieren viele dieser Dramen konventionelle Formen und Ele-

expressionistisches Theater

absurdes Theater

mente, wie zum Beispiel Tom Stoppards (*1937) *Travesties* (1974) und *Rosencrantz and Guildenstern Are Dead* (1967) oder Samuel Becketts (1906-1989) *Waiting for Godot* (1955). Neben den genannten Strömungen nimmt das politisch-sozialkritische Theater eine wichtige Stellung ein. Clifford Odets (1906-1963) marxistisches Arbeiterdrama *Waiting for Lefty* (1935) oder Arthur Millers (*1905) Parabel über die Verfolgungen während der McCarthy Ära in *The Crucible* (1953) sind bekannte amerikanische Beispiele dieser Bewegung.

Dimensionen des Dramas

Bedingt durch die Aufführung geht das Drama generell über den textlichen Charakter der Gattungen Prosa und Lyrik hinaus. Das geschriebene Wort als textliche Grundlage des Dramas steht zwar ebenfalls im Mittelpunkt dieses Genres, ist jedoch dazu bestimmt, in eine Aufführung vor Publikum umgewandelt zu werden. Um diesem genrespezifischen Medienwechsel gerecht zu werden, müssen in der Analyse des Dramas Text, Transformation und Aufführung als drei ineinanderwirkende Ebenen berücksichtigt werden.

Text
Dialog
Monolog
Plot
Setting
Regieanweisungen

Transformation	**Aufführung**
Regie	Interne Methode
Bühne	Externe Methode
Requisiten	Gestik
Beleuchtung	Mimik
	Sprache

a) Text

Text

Viele textliche Bereiche des Dramas überschneiden sich mit bereits besprochenen Aspekten der Prosa wie Charakter, Plot und Setting, weshalb hier nur jene Elemente behandelt werden, die gattungsspezifische Relevanz für das Drama haben. Von zentraler Bedeutung im Rahmen der textlichen Dimension des Dramas ist das gesprochene Wort in Form von Dialogen (engl. *dialogue*) zwischen Figuren, aber auch Monologen (engl. *monologue* oder *soliloquy*). Eine Sonderform der Kommunikation ist das *aside*, in dem ein Schauspieler Informationen an das Publikum weitergibt, die den anderen Figuren des Stückes vorenthalten bleiben.

Dialog

Monolog

aside

Die grundlegenden Elemente des Plots (Ausgangssituation, Komplikation, Höhepunkt, Auflösung), die bereits in der Besprechung der Prosa behandelt wurden, gehen ursprünglich auf antike Beschreibungen des idealen Handlungsverlaufs im Drama zurück und wurden erst später auf andere Gattungen übertragen. In Zusammenhang mit dem Plot des Dramas werden immer wieder die drei Einheiten (engl. *three unities*) von Zeit, Ort drei Einheiten von Ort, Zeit und Handlung

und Handlung (engl. *time, place* und *action*) erwähnt. Gemeint ist damit, daß die Zeit der Handlung eines Stücks etwa der Dauer des Theaterstücks entspricht bzw. nicht länger als die Zeitspanne eines Tages sein sollte und der Ort der Handlung immer derselbe sein muß. Die Handlung soll in sich geschlossen sein und einen linearen Plot verfolgen (vgl. Kapitel III.1: Prosa). Die als *aristotelische Einheiten* bezeichneten Regeln über den Aufbau eines „guten" Dramas stammen nicht von Aristoteles (384-322 v. Chr.) selbst, sondern gehen großteils auf französische und italienische Adaptionen seiner *Poetik* im 16. und 17. Jahrhundert zurück. Diese starren Regeln wollen den dargestellten Raum und die Zeit der Dramenhandlung möglichst realistisch erscheinen lassen. Shakespeares Dramen, die immer einen hohen Stellenwert in der englischen Literatur innehatten, entsprachen nur selten diesen Regeln. Aus diesem Grund wurden die drei Einheiten im englischen Sprachraum nie so strikt respektiert wie in anderen Ländern.

Akt
Szene

In direkter Wechselwirkung zum Plot steht die Einteilung in Akte (engl. *act*) und Szenen (engl. *scene*). Das Elisabethanische Theater übernahm die in der Antike übliche Gliederung der Handlung des Dramas in fünf Akte. Im 19. Jahrhundert wurde die Zahl der Akte eines Stückes auf vier, im 20. Jahrhundert auf meist drei Akte reduziert. Durch Akt- und Szenenwechsel können im Drama Setting, Zeit und Handlung verändert werden. Die traditionelle Einheit von Ort, Zeit und Handlung kann so innerhalb einer Szene oder eines Aktes weitgehend gewahrt bleiben.

atypische Plotstrukturen im absurden Theater

Das absurde Theater bricht wie sein Gegenstück in der Prosa bewußt mit traditionellen Plot-Strukturen und führt den Zuschauer in oft absurd oder unlogisch anmutende Komplikationen. Diese zielen nicht wie erwartet auf einen Höhepunkt oder logischen Schluß hin, sondern enden in einer unaufgelösten Situation. Damit versucht das absurde Theater ebenso wie viele postmoderne Romane oder Filme, die allgemeine kulturelle Unsicherheit der Nachkriegsära künstlerisch umzusetzen. Der bekannteste Vertreter dieser Richtung im englischsprachigen Raum ist der Ire Samuel Beckett (1906-1989), dessen Stück *Waiting for Godot* (1955) viel zur Bekanntheit des absurden Theaters beigetragen hat. Stellt man einen traditionellen Plot mit Exposition, Komplikation, Höhepunkt und Auflösung wie Shakespeares *Romeo and Juliet* Becketts *Waiting for Godot* gegenüber, so ergeben sich kaum Berührungspunkte. Wie bereits der Dramentitel Becketts andeutet, warten seine Hauptfiguren Vladimir und Estragon auf einen nicht weiter spezifizierten Godot. Das Auftreten anderer Personen schafft nur kurze Abwechslung und bringt keine Veränderung der Ausgangssituation, so daß sich die Figuren am Ende in unveränderter Position befinden, ohne die Elemente des klassischen Plots durchlaufen zu haben. Becketts Drama bricht mit den Erwartungen des Publikums an ein Theaterstück, in welchem sich Handlung oder Dialog auf einen konventionellen Höhepunkt hin entwickeln oder vordergründig logische Inhalte vermitteln.

Im 20. Jahrhundert treten mit den Innovationen des experimentellen und absurden Theaters auch nicht-textliche Aspekte des Theaters in den Vordergrund. Nonverbale und räumliche Dimensionen der eigentlichen Produktion, die ein Bindeglied zwischen Text und Aufführung herstellen und traditionellerweise marginalen Charakter besaßen, erhalten einen ähnlich hohen künstlerischen Stellenwert wie der Text selbst.

b) Transformation

Transformation

Eine stärker betonte Ebene des Dramas im 20. Jahrhundert ist die verbindende Phase zwischen Text und Aufführung, die hier als Transformation (engl. *transformation*) bezeichnet wird. Gemeint sind damit alle logistischen und konzeptuellen Schritte, die als Regie (engl. *directing*) zusammengefaßt werden und der eigentlichen Aufführung vorausgehen. Diese Transformation ist dem Publikum nicht direkt zugänglich, durchdringt aber indirekt fast alle Elemente der Aufführung. Die Arbeit des zeitgenössischen Regisseurs (engl. *director*) reicht von der Auswahl des Skripts oder Textes über ein interpretatives Gesamtkonzept, Besetzung, Bühnenwahl und Bühnengestaltung, Requisiten, Kostüme und Schminke bis hin zur Führung der Schauspieler. Damit liegt die gesamte künstlerische Koordination der Umformung des Textes in Richtung Aufführung in den Händen des Regisseurs.

Regie

Geschichte der Regie

Historisch gesehen existiert das Berufsbild des Regisseurs erst seit Ende des 19. Jahrhunderts und stellt ein junges Phänomen im Umfeld des Dramas dar. Regie als koordinatives Instrument ist zwar so alt wie das Drama selbst, jedoch waren bis ins 19. Jahrhundert die Grenzen zwischen Schauspieler, Dramenautor und Koordinator der Aufführung sehr durchlässig. So kam es oft vor, daß der Autor selbst die Produktion eines Stückes leitete oder ein erfahrener Schauspieler mit dieser Funktion betraut wurde. Erst in der zweiten Hälfte des 19. Jahrhunderts, als unter dem Einfluß des Realismus die Anforderungen an die Inszenierung immer größer wurden, entwickelte sich die Regie als eigenständige Ebene, die vermittelnd zwischen Autoren und Schauspielern agiert. Zu den bekanntesten frühen Regisseuren zählt der Russe Konstantin Stanislavski (1863-1938), dessen Ideen und Methoden über die bekannte Lee Strasberg-Schule in New York großen Einfluß auf die amerikanische Theatertradition ausübten. Auch der österreichische Regisseur Max Reinhardt (1873-1943) erregte kurz vor dem Ersten Weltkrieg mit einigen spektakulären Dramenaufführungen in Amerika große Aufmerksamkeit.

Regietheater

Seit der Entstehung der Regie im heutigen Sinn steht dieses Phänomen in unmittelbarer Wechselwirkung zur herrschenden Form des Theaters in den jeweiligen Strömungen. Während sich die Anfänge der Regie meist auf realistische oder historisch authentische Inszenierungen beschränkten, ohne im vordergründigen Interesse der Öffentlichkeit zu stehen, brachte das Theater des 20. Jahrhunderts höhere künstlerische Anerkennung für den Regisseur. Hand in Hand mit innovativen Formen des expressionistischen, absurden und experimentellen Theaters und der Betonung individueller Produktionen werden die Anforderungen an die Regie größer und zugleich künstlerisch höher bewertet. Diese Hervorhebung der Produktion im modernen Drama wird auch als Regietheater bezeichnet, da die Regie nicht mehr wie im 19. Jahrhundert eine marginale Rolle spielt, sondern nun in den Vordergrund tritt und bewußt in die eigentliche Aufführung einfließt. Ein anschauliches Beispiel dafür ist Samuel Becketts (1906-1989) Kurzdrama *Catastrophe* (1982), das einerseits zu großen Teilen aus Regieanweisungen besteht, andererseits sich in seiner Handlung ebenfalls um die Einstudierung eines Theaterstückes dreht. Wie für postmoderne Kunstwerke typisch, werden Ebenen des Stückes wie hier die Transformation bewußt in den Vordergrund gestellt, um Wesenszüge des Dramatischen freizulegen.

Regie als Interpretation

Alle Stufen der Transformation eines Textes – angefangen von der Auswahl des Skripts, der Akzentuierung des Stückes, der Besetzung, des Requisiten- bzw. Bühnendesigns und der Einübung der Rollen – müssen auf das Publikum abgestimmt sein. Besonders wichtig ist hier die konzeptionelle Idee des Regisseurs. Sie kommt der Interpretation einer Partitur durch den Dirigenten gleich, der bestimmte Aspekte des „Textes" hervorhebt, um einen individuellen Gesamteindruck des Werkes zu vermitteln. Gerade diese interpretatorische Schwerpunktsetzung einer Produktion steht in direkter Auseinandersetzung mit den jeweils herrschenden Zeittrends. Produktionen wie Ellis Rabbs (*1930) homoerotische Interpretation (1970) von Shakespeares *The Merchant of Venice* (ca. 1596-1598) oder die verschiedenen feministischen Adaptionen von *The Taming of the Shrew* (ca. 1592) setzen ein spezifisches kulturelles Bewußtsein einer Epoche voraus, um die gewünschte Publikumsreaktion zu erreichen. Produktionen erzielen ihre Erfolge nicht nur, indem sie herrschenden Trends entsprechen, sondern auch durch einen offensichtlichen Bruch mit bestehenden Konventionen, wie schon die von Architektur und Malerei beeinflußten Inszenierungen des Amerikaners Robert Wilson (*1941) zeigen. In beiden Fällen muß der Regisseur abwägen, welche Zielgruppe er mit welchen Mitteln ansprechen will. Die weiteren Schritte der Transformation – also alle verbalen und nonverbalen Ausdrucksmittel – unterliegen im Idealfall dieser konzeptuellen Idee, die sich wie ein roter Faden durch die gesamte Produktion ziehen soll.

räumliche Dimension des Dramas

Dazu gehört ganz besonders die räumliche Ebene, die die Prosa durch beschreibende Elemente vermittelt. Sie wird im Drama mittels Dialogen, Monologen und Körpersprache, vor allem aber durch Wahl und Gestaltung von Bühne (engl. *stage*), Bühnenbild (engl. *scenery*), Requisiten (engl. *properties* oder *props*) und Beleuchtung (engl. *lighting*) erzeugt. Viele dieser räumlichen Elemente sind zwar historischen Bedingungen unterworfen, werden aber von Regisseuren in modifizierter Form immer wieder für moderne Produktionen adaptiert. So kommen zum Beispiel ältere Bühnenformen wie die kreisförmige Struktur des antiken Theaters zur Erzeugung einer speziellen Interaktion zwischen Zuschauern und Schauspielern auch in modernen Inszenierungen zur Anwendung.

griechisches Theater Amphitheater

Der Aufbau des antiken griechischen Theaters, das als Amphitheater (engl. *amphitheater*) unter freiem Himmel lag, umfaßte eine Orchestra in der Mitte des Theaters und ein Bühnenhaus (griech. *Skene*). Die Sitzplätze für das Publikum waren in halbkreisförmigen Sitzreihen um die Orchestra angeordnet. Während die Schauspieler sich zwischen Skene und Orchestra bewegten, nahm der Chor in der Orchestra zwischen Publikum und Schauspielern Aufstellung. Im klassischen Drama trugen alle auftretenden „Personen" eine Maske. Bemerkenswert ist, daß unser heutiger Begriff „Person" auf das lateinische Wort „persona" (Schauspielmaske) zurückgeht.

Elisabethanische Theaterbauten

Das Elisabethanische Theater (engl. *Elizabethan Theater*) unterscheidet sich stark von seinen antiken Vorläufern. Die griechischen Theater konnten bis zu 15.000 Zuschauer aufnehmen, während Elisabethanische Theater wie das *Globe Theatre* höchstens 2.000 Personen Platz boten. Das Globe in London war ein achteckiger Bau mit einem ungedeckten Innenhof, in dem sich billige Zuschauerplätze befanden. Die teuren Sitze auf den überdachten Galerien waren rund um den Innenhof in drei Stockwerken angeordnet. Die auf den Innenhof gerichtete Bühne schloß an diese Galerien an und erstreckte sich über mehrere Stockwerke, wodurch Balkonszenen wie in *Romeo and Juliet* (1595) möglich wurden. Durch die räumliche Trennung der Bühnenbereiche konnten inhaltliche Aspekte eines Dramas auf einer räumlichen Ebene verstärkt werden. So wird in Shakespeares *Richard II* (1597) die Unterwerfung des Königs neben dem Dialog durch einen Wechsel der Bühnenebene von oben nach unten optisch-räumlich unterstrichen. "Down, down I come, like glist'ring Phaeton, [...] In the base court? Base court, where kings grow base" (*Richard II*, III, 3, 178-180).

„Wortkulisse"

Das Elisabethanische Theater kam wie das antike ohne aufwendige Requisiten aus. Viele Aspekte, die im modernen realistischen Drama durch Bühnenbild und andere Hilfsmittel erzielt werden, blieben oft der Phantasie des Publikums überlassen. Bereiche des Settings, die ab dem Barock durch Bühnenbild und Requisiten auf einer nonverbalen Ebene vermittelt wurden, mußten im Renaissancetheater durch das gesprochene Wort in Form von Wortkulissen suggeriert werden. So wird das Nahen des Morgens in *Romeo and Juliet* verbal angedeutet. "The grey-eyed morn smiles on the frowning night, / Check'ring the eastern clouds with streaks of light; / And fleckéd darkness like a drunkard reels / From forth day's path and Titan's burning wheels" (*Romeo and Juliet*, II, 3, 1-4).

Parodie von „Wortkulisse"

Ein parodistisches Beispiel für die verbale Darstellung fehlender Requisiten ist die kurze „Theateraufführung" in Shakespeares *A Midsummer Night's Dream* (1595), wo von einer Laienschauspielergruppe eine Bühne auf der Bühne bzw. ein Spiel im Spiel kreiert wird. In der wiedergegebenen Passage des "Prologue" werden nicht nur die Personen des Stückes im Stück vorgestellt, sondern auch die Requisiten, die hier ebenfalls von Schauspielern verkörpert werden.

> This man with lime and roughcast doth present
> Wall, that vile Wall which did these lovers sunder;
> And through Wall's chink, pour souls, they are content
> To whisper. At the which let no man wonder.
> This man, with the lantern, dog, and bush of thorn,
> Presenteth Moonshine; (*A Midsummer Night's Dream*, V, 1, 130-135)

William Shakespeare weist auf diese imaginäre Welt hin, die durch die Personen auf der Bühne entsteht, wenn er zwei Schauspieler das Setting einer Mauer im Mondschein im wahrsten Sinn des Wortes „verkörpern" läßt. Trotz des parodistischen Elements verdeutlicht Shakespeare die Illusion jener Theaterwelt, die durch das Handeln der Schauspieler auf der Bühne in Wechselwirkung mit der Imagination des Publikums hervorgerufen wird.

Guckkastenbühne

Im Gegensatz dazu zeichnet sich das „moderne" Theater durch ein realistisches Bühnenbild aus. Wichtig war in diesem Zusammenhang eine neue Gestaltung der Bühne, des Bühnenbildes und der Requisiten. Die Bühne erhält die Form einer „Schachtel" mit drei Wänden und einer Decke, die mehr als in den vorhergehenden Theaterformen das Publikum von den Schauspielern trennt und den Eindruck einer eigenen, abgeschlossenen Welt bzw. eines in sich geschlossenen Settings vermittelt. Das Publikum beobachtet das Geschehen auf der Bühne wie durch eine unsichtbare vierte Wand. Man nennt diese Bühnenform, die sich im 18. und 19. Jahrhundert durchsetzte und bis heute in Verwendung ist, Guckkastenbühne (engl. *proscenium stage*). Die neue Form des Theaters ist Teil der Strömung des Realismus in der Literatur, die versucht, Realität so wirklichkeitsgetreu wie möglich darzustellen. George Bernard Shaws (1856-1950) Dramen zählen zu den wichtigsten englischen Beiträgen dieser europaweiten Entwicklung. Die Handlung der *drawing room comedy*, die in einer wirklichkeitsgetreuen Bühnenrekonstruktion eines Salons (*drawing room*) aufgeführt wird und dabei die drei Einheiten von Ort, Zeit und Handlung genau befolgt, stellt ein extremes Beispiel für die Verbindung von Guckkastenbühne und realistischem Drama dieser Zeit dar (Oscar Wildes *The Importance of Being Earnest*, 1892). Im 20. Jahrhundert wird diese Tradition fortgesetzt wie z.B. in Eugene O'Neills (1888-1953) *Long Day's Journey into Night* (ca. 1941; publ. 1956), das ebenfalls für eine salonartige Bühne konzipiert ist.

expressionistisches Theater

Eine Reaktion auf diese realistischen Strömungen sind eine Reihe moderner Entwicklungen, die ähnlich wie in Lyrik und Prosa versuchen, neue Schwerpunkte zu setzen. Ein Beispiel ist das expressionistische Theater (engl. *expressionist theater*), das sich in Amerika unter dem Einfluß Deutschlands, aber auch durch Anleihen an den Film in den zwanziger und dreißiger Jahren etablierte. Der Expressionismus, der sich auch in anderen Künsten wie der Malerei dieser Zeit findet, zeichnet sich im Drama durch ausdrucksstarke, oft übersteigerte Schminke, Kostüme oder Bühnenbilder aus. Ein gutes Beispiel für diese Abkehr vom realistisch-naturalistischen Theater des späten 19. Jahrhunderts ist Elmer Rices (1892-1967) Stück *The Adding Machine* (1923), das durch expressionistische Elemente die Entfremdung eines amerikanischen Großstadtbewohners in einer immer stärker mechanisierten Umwelt nachzeichnet.

absurdes Theater

Interessant am expressionistischen und absurden Theater ist eine bewußte Rückkehr zu einfachen, abstrakten Bühnenbildern und Requisiten. Expressionistische Schminke, die dem Effekt einer Maske gleichkommt, und die oft leere Bühne des absurden Theaters (engl. *theater of the absurd*) lenken wie in älteren Dramenformen die Aufmerksamkeit verstärkt auf das gesprochene Wort und den Schauspieler. In Samuel Becketts *Waiting for Godot* (1955) ist das Bühnenbild auf eine Parkbank und einen stilisierten

Baum reduziert, um die Leere des Dialogs auf der Ebene der Bühnengestaltung zu unterstreichen. Anders ist der Einsatz des Bühnenbildes und der Requisiten in Tom Stoppards (*1937) *After Magritte* (1971), das auf der nonverbalen Ebene des Theaterstückes surreale, sprachphilosophisch motivierte Bilder des Malers René Magritte (1898-1967) umsetzt.

Da viele experimentelle Stücke ursprünglich nicht in großen etablierten Theatern aufgeführt wurden, konnte mit alternativen Bühnenformen experimentiert werden. Durch Verlassen der traditionellen Guckkastenbühne wurden neue Wege in der Interaktion von Schauspielern und Publikum eingeschlagen. Die Grenze zwischen Bühne und Zuschauerraum wird durchlässiger, so daß das Publikum in das Stück miteinbezogen werden kann. Im britischen Raum bezeichnet man diese experimentellen Bühnenformen als *Fringe Theatre*, im amerikanischen als *Off-Broadway* oder *Off-Off-Broadway Theater*, weil sie sich außerhalb der etablierten Broadway-Bühnen bewegen.

Off-Broadway Theater

In der Folge entsteht eine Wechselwirkung zwischen Bühnengestaltung und Stück bzw. Transformation und Text. Theaterstücke, die für eine unkonventionelle Bühne bestimmt sind, unterscheiden sich von traditionellen meist auch in Form und Inhalt. Dies wirkt sich indirekt auch auf die Aufführung aus und bringt besondere Anforderungen an die Schauspieler mit sich.

c) Aufführung

Aufführung

In der letzten Phase der Aufführung (engl. *performance*) liegt der Schwerpunkt auf dem Schauspieler (engl. *actor*), der als Medium die kombinierten Anliegen des Autors und Regisseurs vermittelt. Erst in den letzten hundert Jahren hat sich die methodische Schauspielausbildung neben der Regie als weiteres eigenständiges Phänomen im Umfeld des Theaters etabliert. Bis zum Ende des 19. Jahrhunderts lag die Transformation des Textes fast ausschließlich beim Schauspieler selbst. Aufgrund der stark schwankenden Qualität der Leistungen der Schauspieler zwischen einzelnen Aufführungen ein und desselben Stückes wurden Methoden zur Gewährleistung gleichbleibender Ergebnisse entwickelt. Durch gezieltes Training von Atmung, Haltung, Körperbeherrschung und psychologischer Mechanismen wurde versucht, gewünschte Gefühlszustände auf der Bühne reproduzierbar zu machen.

Schauspielausbildung

In der modernen Schauspieltheorie stehen sich zwei grundlegende theoretische Positionen gegenüber: die sogenannte externe oder technische Methode und die interne oder wahrheitsgetreue Auffassung. In der externen Methode wird angenommen, daß der Schauspieler durch verschiedene Techniken in der Lage ist, beliebige Bewußtseinszustände ohne emotionales Hineinversetzen in seine Rolle zu imitieren. Die interne Methode hingegen baut auf eine individuelle Identifikation des Schauspielers mit seiner Rolle. Grundvoraussetzung ist das persönliche Durchleben und die Verinnerlichung von Gefühlen und Situationen, die die Rolle erfordert. Die erste der zwei gegensätzlichen Positionen der *impersonisation* und *simulation* ist eng mit einer berühmten Schauspielschule verknüpft. Die *imperso-*

externe Methode

interne Methode

Stanislavski und Strasberg *method acting*

nisation als interne Identifikation mit der zu spielenden Rolle wurde durch den bereits erwähnten Russen Konstantin Stanislavski (1863-1938) und seinen Schüler Lee Strasberg (1901-1982) in den USA zur anerkannten Lehrmethode. Diese als *The Method* bezeichnete Richtung sieht als Ziel einer schauspielerischen Leistung nicht das „Zeigen", sondern das „Sein" auf der Bühne. Berühmte Schüler dieser Schauspielschule sind James Dean (1931-1955), Paul Newman (*1925), Marlon Brando (*1924) und Julie Harris (*1925). Die in Europa weitverbreitete Auffassung der externen Methode hingegen betont das emotionsfreie, technisch versierte „Zeigen" als Ideal guter Darstellung. Keine Schauspielausbildung kommt heute ohne Anleihen an beide Positionen aus. In der Regel werden Elemente der externen und internen Methode den Anforderungen entsprechend kombiniert und eingesetzt.

handelnde Personen

Viele Aspekte, die in der Besprechung der Charaktere in der Prosa bereits behandelt wurden, können auf das Drama übertragen werden. Das Drama stützt sich jedoch mehr als andere Genres auf handelnde Personen (engl. *dramatis personae*), wodurch sich gattungsspezifische Aspekte ergeben. Nicht selbstverständlich ist, daß im Drama mehrere handelnde Personen zusammenwirken. Ursprünglich bildete der Chor den Kern des antiken Dramas, dem in der klassischen Zeit weitere Figuren hinzugefügt wurden, wodurch ein Dialog zwischen den neuen Figuren und dem Chorus möglich wurde. Aufgabe des Chors war eigentlich, lyrische Gedichte vorzutragen, die zum Teil die Handlung des Dramas kommentierten, aber auch teilweise an die Schauspieler gerichtet waren, um diesen Ratschläge zu erteilen. Der Chor kam vereinzelt auch im Elisabethanischen Theater zum Einsatz mit der Aufgabe, Zeitsprünge zu überbrücken oder das Publikum über neue Situationen zu informieren wie in Shakespeares *Henry V* (ca. 1600).

Chor als Nukleus des antiken Dramas

stock characters

Ähnlich wie in der Prosa kann man auch im Drama je nach Zeichnung von *flat* bzw. *round characters* sprechen. Einige Dramengattungen wie die Komödie zeichnen sich durch den Einsatz von wiederkehrenden Charaktertypen wie den prahlerischen Soldaten, den jähzornigen alten Mann oder den schlauen Diener aus, die als *stock characters* bezeichnet werden.

Geschlecht der Schauspieler

Bemerkenswert in bezug auf das Geschlecht der Schauspieler ist, daß sowohl in der Antike als auch im Elisabethanischen Theater keine Frauen in den Aufführungen mitwirkten und alle weiblichen Rollen von jungen Männern dargestellt wurden. Deshalb kommt es in Komödien wie in Shakespeares *As You Like It* (ca. 1599) zu sehr komplizierten Situationen, wenn sich die von Männern gespielten Frauenfiguren im Stück als Männer verkleiden (engl. *cross dressing*). Der weibliche Charakter Rosalind, der gemäß den Konventionen der Elisabethanischen Zeit von einem jungen Mann dargestellt wird, verkleidet sich im Laufe der Handlung als Mann. Am Ende des Stückes enthüllt die Figur ihre „wahre" weibliche Identität und heiratet Orlando. Diese Tradition, Frauenrollen von Männern darzustellen, hielt sich bis ins 17. Jahrhundert und wurde erst im Restaurationsdrama aufgegeben.

cross dressing

Text, Transformation und Aufführung sind nicht nur zentrale Ebenen der Theaterproduktion, sondern finden sich mit genrespezifischen Schwerpunkten in analoger Weise im Medium Film. Drehbücher unterscheiden sich von Dramentexten, indem sie die jeweiligen optischen, akustischen und räumlichen Möglichkeiten des Mediums berücksichtigen. Die Gesamtheit der Transformation ist im Drama anders als im Film, da im Drama eine durchgehende Aufführung ohne Unterbrechung erarbeitet wird. Im Film hingegen werden immer nur kleine Sequenzen für die Aufnahme vorbereitet. Auch bezüglich der Aufführung stellen beide Medien sehr spezielle Anforderungen an die Schauspieler. Im Theater muß durch ausdrucksstarke, oft übersteigerte Mimik, Gestik, Schminke und Sprache das Publikum bis in die letzten Sitzreihen erreicht werden. Man spricht in diesem Zusammenhang von großer Projektion. Im Film hingegen können solche Effekte großteils durch Kamera- und Tontechnik erzeugt werden, die diesem Medium einen spezifischen Charakter verleihen und es zu einem eigenständigen Genre machen.

Unterschiede Drama und Film

4. Film

Aus der Perspektive des ausgehenden 20. Jahrhunderts darf der Film als artverwandte Gattung der Textwissenschaft nicht mehr vernachlässigt werden. Ebenso wie der Roman im 18. Jahrhundert durch den Einsatz innovativer Erzähltechniken das Epos ablöste, konnte sich der Film durch neue und differenzierte Präsentationsformen wie Kamerabewegung, Schnitt, Montage oder Zeitraffer als dem Drama zwar verwandtes, aber eigenständiges Genre etablieren. Viele Richtungen des Dramas im 20. Jahrhundert haben sich in Wechselwirkung zum Film entwickelt, der durch die Möglichkeit der wirklichkeitsgetreuen photographischen Abbildung jegliche Formen des realistischen Theaters übertraf. Ähnlich wie die bildende Kunst unter Einfluß der Photographie sich neuen abstrakten Richtungen zuwandte, gewann das Theater durch die Entwicklung des Films neue Wirkungsbereiche.

Wechselwirkung Film und Textwissenschaften

Trotz spezifischer Charakteristika und einer eigenen Fachterminologie läßt sich Film mit literaturwissenschaftlichen Methoden analysieren, da er in Wechselwirkung zu den klassischen literarischen Genres steht. Die moderne Filmwissenschaft kennt wie die Literaturwissenschaft unterschiedliche Analyseansätze, die sich teilweise mit bereits besprochenen Methoden überschneiden. Wichtige literaturtheoretische Strömungen sind auch von der Filmwissenschaft rezipiert und adaptiert worden. So finden sich Richtungen, die sich analog zur textorientierten Literaturwissenschaft mit materiellen Aspekten des Films befassen (Filmmaterial, Montage, Schnitt, Ton) oder Strömungen, die Rezeption und Wirkung untersuchen. Andere Ansätze wie psychoanalytische oder feministische Filmtheorie stellen den Film in einen größeren Kontext.

Darstellende Künste

Trotz ihrer unterschiedlichen Erscheinungsformen werden Drama und Film aufgrund ihres Einsatzes von Schauspielern als Ausdrucksmedium gerne unter dem Begriff Darstellende Künste (engl. *performing arts*) zusammengefaßt. Das Bild des Geschehens entsteht nicht erst durch den Leseprozeß in der Vorstellungswelt des Rezipienten, sondern nimmt in der

Aufführung außerhalb des Zuschauers Gestalt an. In beiden Genres steht die *performance* als visuelle Repräsentation durch Personen im Mittelpunkt. Die Behandlung des Films im Umfeld des Dramas unter dem Begriff *performing arts* ist irreführend, da man so dieser neuesten Gattung nicht uneingeschränkt gerecht wird. Längst hat sich Filmwissenschaft gerade im anglo-amerikanischen Raum zu einer eigenständigen Disziplin entwickelt, die an vielen Universitäten als Studienrichtung belegt werden kann. Auch hat der Film seit seiner Entstehung vor einem Jahrhundert eine Vielzahl von Gattungen und Formen hervorgebracht, so daß es unzureichend ist, dieses Phänomen als Nebenerscheinung des Dramas abzutun. Aufgrund der Dominanz des Visuellen, das in der Prosa eher zweitrangigen Charakter hat, wird der Film vorschnell als dramatisches Genre klassifiziert. Betrachtet man das Medium jedoch aus einer formal-strukturalistischen Perspektive, erscheint der Film in vielen Aspekten dem Roman verwandter als dem Drama. Typische Elemente des Romans wie Einsatz von differenzierten Erzählperspektiven, experimentelle Plotgestaltung, Vor- und Rückblenden sowie Wechsel des Settings und der Zeitstruktur sind im Film gängige Praktiken, die auf einer Bühne nur äußerst begrenzt oder in Ausnahmefällen umsetzbar sind.

performance

narratologische Aspekte des Films

Film als technisch reproduzierbares Kunstwerk

Der größte Unterschied zum Drama liegt sicher in der „Fixiertheit" des Films, während die Aufführung des Theaterstückes Einmaligkeitscharakter aufweist. Ein Film hingegen gleicht einem Roman, der theoretisch ständig wiederholt (gelesen oder abgespielt) werden kann. In diesem Sinn ist das Theater ein archaisches Kunstwerk, das das Ideal der Einmaligkeit stärker aufrecht erhält. Jede Theateraufführung unter einem bestimmten Regisseur, mit individuellen Schauspielern, Bühnenbildern und vor einem wechselnden Publikum stellt ein einmaliges Ereignis dar, das sich einer exakten Wiederholung entzieht. Ein Film kann hingegen in verschiedenen Städten gleichzeitig gezeigt werden, wobei keine Vorführung als besser oder schlechter klassifizierbar ist, da es sich um denselben Film bzw. hunderte von identischen Kopien handelt. Obwohl im Drama wie im Film eine *performance* im Mittelpunkt steht, nimmt sie durch die Verschiedenheit der Medien einen völlig anderen Charakter an.

physiologische Grundlagen des Films

Die Geschichte des Films ist direkt mit der Entwicklung der Photographie im 19. Jahrhundert verbunden. Durch schnelle Abfolge von Einzelaufnahmen im Film entsteht in der menschlichen Wahrnehmung der Eindruck von Bewegung. Um diese Illusion zu erzeugen, müssen pro Sekunde 24 Bilder aneinandergereiht werden. In jeder Sekunde eines Films wird der Lauf des Projektionsapparates 24mal unterbrochen, so daß jedes einzelne Bild für einen Sekundenbruchteil auf der Leinwand erscheint. Die Projektionen der Bilder auf der Leinwand sind zu kurz, als daß sie vom menschlichen Auge als Einzelbild erfaßt werden können und werden daher als kontinuierliche Bewegung empfunden.

Bereits im ausgehenden 19. Jahrhundert wurden mit Hilfe dieses physiologischen Prinzips erste erfolgreiche filmische Experimente durchgeführt. In Amerika entstanden um die Jahrhundertwende filmische Umsetzungen von erzählender Literatur. Zu den ersten sogenannten narrativen (erzählenden) Filmen zählen Kindergeschichten wie Georges Méliès (1861-1938) *Cinderella* (1899), aber auch Romane wie *Gulliver's Travels* (Georges Méliès, 1901) oder Kurzgeschichten wie *The Legend of Rip Van Winkle* (Georges Méliès, 1905). Während diese frühen Filme die unflexible Perspektive der Guckkastenbühne filmisch umsetzten, löste sich das Genre des Films vor und während des Ersten Weltkrieges durch neue Techniken wie bewegte Kameraführung und Filmschnitt immer deutlicher vom Vorbild des Dramas. Ein frühes amerikanisches Beispiel des episch-narrativen Films, das sich dieser neuen Techniken bedient, ist D.W. Griffiths (1875-1948) Filmepos *The Birth of a Nation* (1915) über die Entstehung der USA. Wichtige Genres wie Western, Slapstick-Komödien und Liebesgeschichten bilden sich bereits im frühen amerikanischen Stummfilm heraus. Während des Ersten Weltkrieges setzt sich Hollywood als Zentrum der Filmindustrie mit einem weitverbreiteten Netzwerk von Kinos in Amerika durch.

Anfänge des Films

bewegte Kamera und Filmschnitt

Außerhalb der Vereinigten Staaten erzielten russische Filmemacher wie Sergej Eisenstein (1898-1948) nach der russischen Revolution unter Einfluß Griffiths große Leistungen auf dem Gebiet des Filmschnitts. Im Deutschland der Zwischenkriegsjahre trugen Arbeiten wie Robert Wienes (1881-1938) *Das Cabinett des Dr. Caligari* (1919) und Fritz Langs (1890-1976) *Metropolis* (1925) zur Entwicklung des expressionistischen Films bei. Die stark von der Psychoanalyse beeinflußte Richtung, die sich auch im Drama niederschlägt, brachte durch die visuelle Umsetzung von Traum- und Gefühlsebenen eine neue Dimension in das junge Genre Film ein.

Tonfilm

Mit dem Aufkommen des Tonfilms (engl. *talkie*) Mitte der zwanziger Jahre wurden fortschrittliche visuelle Techniken zugunsten von Ton und Musik für kurze Zeit wieder aufgegeben. Mobile Kameraführung war aufgrund der schwerfälligen Tonausrüstung am Anfang nicht möglich, wodurch der Film bis zur Entwicklung leichterer Ausrüstung wieder einen fast dramenartigen Charakter annahm. Durch die akustische Dimension gelang es, wie im Drama die Handlung durch Dialoge und nicht mehr rein visuell voranzutreiben. In den dreißiger Jahren finden sich unter den Genres des Hollywood-Films Western, Musicals, Gangster- und Abenteuerfilme, Science Fiction, Horrorfilme und Kostümepen. Nach dem Zweiten Weltkrieg entstand in Amerika das neue Genre des *film noir* (schwarzer Film), das Korruption in der desillusionierten Welt amerikanischer Großstädte thematisiert. Bekannte Beispiele sind Billy Wilders (1906-2002) *Double Indemnity* (1944) oder Robert Siodmaks (1900-1973) *The Killers* (1946).

Filmgenres

internationaler Film

Internationale Bedeutung im Europa der Nachkriegsjahre erlangte der Italienische Neorealistische Film mit Regisseuren wie Roberto Rossellini (1906-1977), der realistische Themen in authentischer Umgebung filmisch umsetzte. Diese Arbeiten versuchen, das Alltagsleben im Nachkriegsitalien einzufangen und zeichnen sich durch eine eigenwillige Form aus, die nicht mehr das geschlossene artifizielle Bühnenstück als Vorbild nimmt.

In den späten sechziger Jahren erwarben Regisseure wie Jean-Luc Godard (*1930) und François Truffaut (1932-1984) über die Grenzen Frankreichs hinaus durch innovative Werke internationalen Ruf. Auch der Neue Deutsche Film, zu dessen wichtigsten Vertretern Rainer Werner Fassbinder

(1946-1982), Werner Herzog (*1942) und Wim Wenders (*1945) zählen, verhalf dem international schlecht vertretenen deutschen Film zu neuer Anerkennung. In den USA der achtziger Jahre gelang es jungen afro-amerikanischen Filmemachern, sich neben den traditionellen Hollywood-Filmen zu etablieren. Filme wie Spike Lees (*1957) *Do the Right Thing* (1989) oder *Malcom X* (1992) sind Teil einer Bewegung, die sich in der Literatur in Form unterschiedlicher "Minority" Literatures (African-American, Chicano, Gay und Lesbian) schon früher entwickelt hat.

Dimensionen des Films

Im Film tragen wie in anderen Genres eine Reihe von unterschiedlichen Ebenen zum Gesamteindruck bei. Gerade in diesem Medium, das stark von der Technik abhängt, treten spezifisch filmische Dimensionen mit eigener Fachterminologie in den Vordergrund. Die wichtigsten Elemente des Films lassen sich in räumliche, zeitliche und akustische Dimensionen einteilen.

räumliche Dimension	**zeitliche Dimension**
Filmmaterial	Zeitlupe
Beleuchtung	Zeitraffer
Kamerawinkel	Erzählte Zeit
Kamerabewegung	Filmlänge
point of view	*flashback*
Schnitt	*foreshadowing*
Montage	

akustische Dimension
Dialog
Musik
Geräusche

a) räumliche Dimension

räumliche Dimension

Zur räumlichen Dimension zählt das Filmmaterial (engl. *film stock*). Durch einen gezielten Einsatz von schwarz-weißem, farbigem, kontrastreichem oder kontrastarmem, hoch- oder wenig empfindlichem Filmmaterial werden Effekte erzielt, die auf den Inhalt indirekt Einfluß nehmen. So kann das Einfügen von Schwarz-Weiß-Material in einen zeitgenössischen Farbfilm den Eindruck historischer Rückblenden in Form alter Wochenschauberichte aus einer früheren Filmära erzeugen. Auch die Vermittlung von Bewußtseinszuständen bestimmter Figuren oder die Erzeugung spezifischer Settings können durch unterschiedlichen Einsatz des *film stock* erreicht werden. 1939 verwendete Victor Fleming (1883-1949) in *The Wizard of Oz* bereits Farbfilm-Passagen als Kontrast zum restlichen Schwarz-Weiß-Material. Spike Lee setzte in seinem Film *She's Gotta Have It* (1986) eine kurze Farbfilmpassage ein, um so die differenzierten Gefühle der Protagonistin in dieser Einstellung von den anderen in schwarz-weiß gehaltenen abzuheben.

Filmmaterial

Beleuchtung

Indirekt mit der Auswahl des Materials ist auch die Beleuchtung (engl. *lighting*) verbunden, da je nach Filmempfindlichkeit bestimmte Lichtverhältnisse herrschen müssen. Beleuchtung kann aber auch zur Erreichung optischer Effekte eingesetzt werden. In Orson Welles' (1915-1985) *Citizen Kane* (1941) verändert der Regisseur Beleuchtungseffekte parallel zur persönlichen Entwicklung des Protagonisten Charles F. Kane. Während der junge idealistische Kane ohne Schatten dargestellt ist, werden später Teile seines Gesichts oft von Schatten verdeckt gezeigt, um die Entwicklung dunkler Seiten seines Charakters hervorzuheben.

Einstellung

Zur räumlichen Dimension des Films gehört auch das Bild bzw. die Einstellung (engl. *frame*), deren Elemente auch im Englischen unter dem französischen Begriff *mise-en-scène* zusammengefaßt werden. *Mise-en-scène* bedeutet ursprünglich „auf der Bühne plazieren" und bezeichnet das Arrangement aller visuellen Elemente in einer Theaterproduktion. Im Film wird dieser Terminus als Oberbegriff für die unterschiedlichen Elemente des Bildaufbaus verwendet, die unter anderem Kameraentfernung, -winkel und -objektive, Beleuchtung, Bildausschnitt und Bildebenen sowie die Positionierung von Personen und Objekten innerhalb des Bildes umfassen können.

mise-en-scène

shot

Begriffe wie *close-up, medium* und *long shot* bezeichnen den auf der Leinwand gezeigten Ausschnitt oder die Entfernung der Kamera vom gefilmten Objekt. So können mit Hilfe eines *long shot* in einem Western-Klassiker die Personen fast völlig in der Landschaft verschwinden. Die Wahl dieses Blickwinkels suggeriert Weite und Übermacht der Wildnis, in welcher sich die Figuren zu behaupten haben. Durch Einsatz von Weitwinkel- oder Teleobjektiven können ähnliche Effekte erzielt werden.

Kamerawinkel

Ein wichtiger Aspekt ist hier auch die Wahl des Kamerawinkels (engl. *camera angle*), von dem aus eine bestimmte Szene gefilmt wird. Soll eine Figur groß erscheinen, wird die Kamera vom Boden aus nach oben gehalten. Damit können stilisierte Größenverzerrungen erreicht oder Korrekturen vorgenommen werden. Schauspieler wie Humphrey Bogart (1899-1957) werden, um auf der Leinwand größer zu erscheinen als in Wirklichkeit, mit leichtem Winkel von unten gefilmt. Zu diesem Aspekt gehört auch die Kamerabewegung (engl. *camera movement*), mit der die Perspektive beliebig gewechselt werden kann. Am Anfang war die Kamera noch zu schwerfällig, um ihren Standort innerhalb einer Szene zu verändern. Es wurden jedoch bald mobile Ausrüstungen entwickelt, die eine „freie" Kameraführung ermöglichten.

Kamerabewegung

point of view

Direkt mit der Wahl des Kamerawinkels ist das Problem des *point of view* verbunden, der ähnliche Fragen wie in der Literatur aufwirft. Der Großteil der Filme bedient sich der Perspektive eines *omniscient narrator* mit eingestreuten subjektiven *points of view* handelnder Personen. In Ausnahmefällen versuchen Filme auch, eine subjektive Erzählperspektive oder Sichtweise beizubehalten. In Robert Montgomerys (*1904) *Lady in the Lake* (1946) wird bis auf wenige Ausnahmen die gesamte Handlung aus der Sicht des Protagonisten gefilmt. Das führt soweit, daß der Zuschauer den Hauptdarsteller nur zu Gesicht bekommt, wenn dieser in einen Spiegel blickt. Diese Technik bewirkt im Zuschauer eine Identifikation mit dem Protagonisten, da das Geschehen wie durch seine Augen wahrgenommen wird.

Eine filmische Technik, die zur Flexibilität dieses Mediums beigetragen hat, ist der Schnitt (engl. *editing*). Bereits in den Anfängen des Stummfilms wie in Edwin S. Porters (1870-1941) *The Great Train Robbery* (1903) wurde Filmmaterial nach der Aufnahme geschnitten und neu zusammengestellt. Der frühe russische Film hat diese Technik der Montage (engl. *montage)* ausgiebig verwendet. Durch die Montage können ähnliche Effekte erzielt werden wie in der Literatur durch den Einsatz der rhetorischen Figuren Metapher und Simile. Zwei Bilder oder Objekte, die in keiner direkten Verbindung zueinander stehen, können in übertragener Bedeutung verknüpft werden. Ein Beispiel ist Sergej Eisensteins (1898-1948) Film *Strike* (1924), der ein Massaker an Arbeitern durch einen Schnitt mit Szenen eines Schlachthofs verbindet, um so das Töten der Tiere mit dem Geschehen des Films gleichzusetzen.

Schnitt

Montage

Durch Einsatz von mobiler Kamera, Filmschnitt und Montage löste sich das Medium Film immer deutlicher von seinen Wurzeln im Theater. Wurde in den Anfängen des Films praktisch das Setting der Guckkastenbühne durch einen starren Blickwinkel filmisch umgesetzt, ermöglichten technische Innovationen bald eine vom Theater unabhängige Entwicklung dieses Mediums, die zu eigenen Formen des künstlerischen Ausdrucks führte.

b) zeitliche Dimension

zeitliche Dimension

Wie die Literatur kann auch der Film mit der Dimension Zeit differenziert umgehen. Die bereits erwähnten Aspekte wie Plotgestaltung mit *foreshadowing* und *flashback* oder verschachtelte Handlungs- und Zeitebenen lassen sich filmisch umsetzen. Durch seine spezifischen Eigenheiten kann das Medium Film das Phänomen Zeit in einer Art und Weise verwenden, die anderen Gattungen in dieser Form nicht zugänglich ist. Einfache Beispiele sind Zeitraffer (engl. *fast motion*) und Zeitlupe (engl. *slow motion*), wodurch Geschehnisse verfremdet werden. Der Film *Koyaanisqatsi* (Godfrey Reggios, 1983) bedient sich der Technik von Zeitraffer und Zeitlupe, um alltägliche Vorgänge wie Stadtverkehr und jahreszeitliche Veränderungen auf der ökologisch gefährdeten Erde bewußt zu machen.

Filmgeschwindigkeit

Handlungszeit und Filmdauer

Auch ohne Einsatz spezieller Filmgeschwindigkeit kann die zeitliche Dimension ausgedehnt oder verkürzt werden, so daß die Filmzeit mit der tatsächlichen Zeit im Kino nicht übereinstimmt. In Filmen wie Stanley Kubricks (1928-1999) *2001: A Space Odyssey* (1968) wird ein Zeitraum von mehreren Millionen Jahren in der menschlichen Evolution abgedeckt. In der filmischen Umsetzung der amerikanischen Kurzgeschichte von Ambrose Bierce (1842-1914?) *An Occurrence at Owl Creek Bridge* (Robert Enrico, 1961) wird wiederum eine Zeitspanne, die nur den Bruchteil einer Sekunde vor dem Tod des Protagonisten umspannt, auf die gesamte Länge des Films (etwa 30 Minuten) ausgedehnt. Bereits in der Kurzgeschichte (1891) wurde von Bierce mit der tatsächlichen Zeit und der erlebten Zeit des Protagonisten gespielt. Im Amerikanischen Bürgerkrieg wird ein Mann auf einer Eisenbahnbrücke gehängt. Während der Verurteilte in die Schlinge fällt, glaubt er, der Exekution durch Reißen des Stricks zu entkommen. Es folgt die genaue Beschreibung seiner imaginären Flucht. Die Geschichte endet abrupt mit dem Tod des Verurteilten durch Genickbruch. Dem

Leser wird bewußt, daß sich die Flucht ausschließlich im Kopf des Mannes zugetragen hat und nur einen Sekundenbruchteil umfaßte, der während des Falls ins Seil und dem Eintreten des Todes verging. Es gibt jedoch auch Beispiele wie Fred Zinnemanns (1907-1997) Western *High Noon* (1952), dessen Handlungszeit mit der tatsächlichen Filmdauer von ca. 90 Minuten weitgehend übereinstimmt.

Zeitindikatoren im Film

Dem Film stehen viele Möglichkeiten wie die Verwendung von Uhren, Kalender, Zeitungen, Alterungserscheinungen der handelnden Personen oder Mode offen, um auf die Geschwindigkeit der vergehenden Zeit hinzuweisen. In der Besprechung von Charakterpräsentation und Plotgestaltung wurde auf die Verwendung von Zeitindikatoren in Virginia Woolfs Roman *Mrs Dalloway* (1925) eingegangen, der aus einer Reihe sich gleichzeitig ereignender Episoden aufgebaut ist. Eine vergleichbare Erzähltechnik verwendet Jim Jarmusch (*1953) in seinem Film *Mystery Train* (1989), der die Erlebnisse dreier Personengruppen in der Stadt Memphis, Tennessee schildert. Der Film ist in drei unabhängige Episoden geteilt, die durch eine Reihe von Zeitindikatoren miteinander verbunden sind. Ein Revolverschuß, eine Radiodurchsage und ein vorbeifahrender Zug sind die in allen drei Episoden wahrzunehmenden Elemente, die dem Zuschauer bewußt machen, daß sich die jeweiligen Handlungen zur gleichen Zeit ereignen. Jarmusch will mit seinem Film wie Virginia Woolf in ihrem Roman ein vielperspektivisches Bild vermitteln. Ist in *Mrs Dalloway* die Person Clarissa das einigende Prinzip der verschiedenen Perspektiven, so steht in *Mystery Train* die mystische Figur Elvis Presley im Mittelpunkt, die in den drei Geschichten aus drei verschiedenen Blickwinkeln thematisiert wird. Wie in Woolfs Roman soll die Vielschichtigkeit des beschriebenen Charakters durch eine komplexe Erzähl- und Zeitstruktur unterstrichen werden.

c) akustische Dimension

akustische Dimension

Der akustische Aspekt des Films entwickelte sich erst in den zwanziger Jahren und brachte eine radikale Veränderung des Mediums mit sich. Information war nun nicht mehr ausschließlich an optische Effekte wie Mimik, Gestik oder eingeblendete Schrift gebunden, sondern konnte mittels Sprache bzw. Dialog, Musik oder Geräuschen vermittelt werden.

Dialog und *voice over*

Ein Film, der den Übergang vom Stumm- zum Tonfilm verarbeitet, ist Billy Wilders (1906-2002) *Sunset Boulevard* (1950). Wilder spielt mit verbalem und nonverbalem Ausdruck als den beiden grundlegenden Dimensionen des Films. Die beiden Hauptfiguren, ein Drehbuchautor der neuen Tonfilmindustrie und eine Diva der Stummfilmzeit, verkörpern dieses Spannungsfeld von „Wort und Bild". Während die bildliche Dimension des Mediums Film durch die Stummfilmdiva verkörpert wird, ist die akustische Ebene durch den Skriptschreiber vertreten, der Dialoge zu Tonfilmen verfaßt. Zur Hervorhebung dieser zwei grundlegenden Ebenen von verbaler (Dialog) und nonverbaler (Mimik und Gestik) Kommunikation setzt Wilder zusätzlich den subjektiven Kommentar in Form eines inneren Monologs des männlichen Protagonisten als Mittel der Verfremdung ein. Wilders *Sunset*

Boulevard ist ein Beispiel für einen selbstreflektiven Film, der das eigene Medium und Genre problematisiert.

Filmmusik

Neben Dialog und Geräuscheffekten spielt Filmmusik eine besondere Rolle. Sie steht normalerweise in direkter Beziehung zur Handlung. Lautstärke, Klang, Rhythmus und Geschwindigkeit der Musik verändern sich je nach Situation und untermauern so inhaltliche Ebenen durch akustische Stilmittel. Die Filmmusik kann natürlich auch im Kontrast zur Handlung stehen, um ironische oder parodistische Effekte zu erzielen. Ein Beispiel für den bewußt gewählten Einsatz von Filmmusik ist George Lucas' (*1944) *American Graffiti* (1973). In dieser Darstellung des amerikanischen Kleinstadtlebens aus der Perspektive von Jugendlichen, die am Abend gelangweilt durch die Straßen der Stadt fahren, wird die Musik der sechziger Jahre zum Kontrapunkt der Handlung. Die Musik aus den Lautsprechern der Autoradios erzielt mit ihren typischen Themen des amerikanischen Traums von Freiheit, Erfüllung und Liebe einen fast komischen Effekt im Kontrast zu den desillusionierten Jugendlichen. Ihre Realität beschränkt sich auf monotone, täglich wiederkehrende Erlebnisse, die parallel zum kreisförmigen Herumfahren in den Straßen der Stadt stehen.

Die akustische Dimension fügt sich als integraler Bestandteil in das Zusammenspiel filmischer Elemente ein. Entweder wird die Handlung durch konventionellen Einsatz von Musik und Geräuschen auf unbemerkte Weise unterstützt, oder das Geschehen wird durch einen Kontrast von akustischer und inhaltlicher Ebene verfremdet.

IV. Epochen der anglo-amerikanischen Literatur

Literaturgeschichte

Trotz vieler Widersprüche und Ungereimtheiten haben sich in der angloamerikanischen Literaturgeschichte (engl. *literary history*) einige Begriffe und Einteilungskriterien eingebürgert. Literaturgeschichte versucht, unterschiedliche Texte aufgrund ähnlicher struktureller, inhaltlicher oder historischer Merkmale zusammenzufassen und einer geschichtlichen Periode zuzuordnen. Die Konvention der Periodisierung von Literatur in Epochen oder Strömungen darf aber nicht über die Relativität solcher Einteilungskriterien hinwegtäuschen, da sich sehr viele Werke aufgrund ihrer spezifischen Eigenheiten solchen Klassifizierungsversuchen entziehen.

Im folgenden Überblick werden wichtige Strömungen der englischsprachigen Literatur zusammengefaßt und in ihrer historischen Abfolge vorgestellt. Zum leichteren Verständnis steht am Anfang eine tabellarische Gegenüberstellung einer weitverbreiteten Epocheneinteilung, deren Einteilungskriterien auf Bereiche wie Sprachgeschichte (Alt- und Mittelenglische Periode), Geschichte (Kolonialzeitalter), Politik (Viktorianisches Zeitalter) und Kunst (Renaissance und Modernismus) zurückgreifen.

Epochenübersicht

Epochen der englischen Literatur

Altenglische Periode	5. - 11. Jh.
Mittelenglische Periode	12. - 15. Jh.
Renaissance	16. - 17. Jh.
Achtzehntes Jahrhundert	18. Jh.
Romantik	erste Hälfte des 19. Jh.
Viktorianisches Zeitalter	zweite Hälfte des 19. Jh.
Modernismus	Erster bis Zweiter Weltkrieg
Postmodernismus	60er und 70er Jahre

Epochen der amerikanischen Literatur

Koloniales bzw. Puritanisches Zeitalter	17. - 18. Jh.
Romantik und Transzendentalismus	erste Hälfte des 19. Jh.
Realismus und Naturalismus	zweite Hälfte des 19. Jh.
Modernismus	Erster bis Zweiter Weltkrieg
Postmodernismus	60er und 70er Jahre

Altenglische Periode

Die Altenglische Periode (engl. *Old English* oder *Anglo-Saxon Period*) als früheste Epoche der englischen Literatur wird im allgemeinen mit der Invasion Britanniens durch germanische Stämme der Angeln, Sachsen und

Jüten im 5. Jahrhundert angesetzt und reicht bis zur Eroberung Englands durch William the Conqueror im Jahr 1066. Eigentlich liegen die Anfänge der englischen Literatur aber im lateinischen Mittelalter, als Klöster auf den Inseln des britannischen Meeres eine in Europa führende Instanz zur Bewahrung antiken Gedankengutes darstellten. Zu den wichtigsten lateinischen Werken dieser Epoche gehört die *Ecclesiastical History of the English People* (731 n. Chr.) von Beda Venerabilis (672-735). Ähnlich wie in anderen Teilen Europas entwickelten sich parallel zur lateinischen Literatur Nationalliteraturen in den einzelnen Volkssprachen. Die frühesten dieser Texte, die vom 8. bis ins 11. Jahrhundert reichen, werden im britannischen Raum als altenglisch oder "Anglo-Saxon" bezeichnet. Die Zahl der überlieferten Texte aus dieser Zeit ist sehr begrenzt und umfaßt anonyme Zaubersprüche, Rätsel, Gedichte ("The Seafarer", ca. 9. Jh. n. Chr.; "The Wanderer", ca. 9-10. Jh. n. Chr), aber auch epische Formen wie das mythologische *Beowulf* (ca. 8. Jh. n. Chr.) oder das auf historischen Ereignissen beruhende *Battle of Maldon* (ca. 1000).

Mittelenglische Periode

Mit der Eroberung Englands durch die französischsprechenden Normannen im 11. Jahrhundert erfolgt ein deutlicher Bruch in Kultur und Literatur. Aus dieser Mittelenglischen Periode (engl. *Middle English Period*) ist eine Vielzahl von Texten unterschiedlicher literarischer Gattungen überliefert. Neben Lyrik und epenartigen "long poems" religiösen Inhalts wie das William Langland (ca. 1332-1400) zugeschriebene *Piers Plowman* (ca. 1367-1370) sticht besonders die Romanze mit dem anonymen *Sir Gawain and the Green Knight* (14. Jh.) oder Thomas Malorys (ca. 1408-1471) *Morte d'Arthur* (1470) als eine neue „weltliche" Gattung heraus. Diese Form übte großen Einfluß auf die Entwicklung des Romans im 18. Jahrhundert aus. Ähnlich wie Giovanni Boccaccios (1313-1375) *Decamerone* (1349-1351) in Italien und vergleichbaren Werken anderer Nationalliteraturen finden sich auch im Mittelenglischen Zyklen von Erzählungen wie Geoffrey Chaucers (ca. 1340-1400) *Canterbury Tales* (ca. 1387), die besonders für die Kurzgeschichte des 19. Jahrhunderts ein wichtiges Vorbild darstellten.

Renaissance

In der englischen Renaissance (engl. *Renaissance*), die in der Linguistik oft als frühneuenglische Epoche bezeichnet wird und auch nach den jeweiligen Herrschern (*Elizabethan* oder *Jacobean Age*) unterteilt werden kann, erfährt das Epos mit Edmund Spensers (1552-1599) *Faerie Queene* (1590, 1596) und John Miltons (1608-1674) *Paradise Lost* (1667) einen letzten Höhepunkt. Mit Philip Sidneys (1554-1586) *Arcadia* (ca. 1580) und John Lylys (ca. 1554-1606) *Euphues* (1578) entstehen neue Prosaformen, die im weitesten Sinne als Vorläufer des modernen Romans aufgefaßt werden können. Die größte literarische Umwälzung dieser Zeit setzt mit William Shakespeare (1564-1616) und Christopher Marlowe (1564-1593) ein, deren Wiederbelebung der antiken Gattung des Dramas die weitere englische Literaturgeschichte dominieren und beeinflussen wird. Den Endpunkt dieser Epoche markiert das sogenannte Commonwealth (1649-1660) unter Führung des Puritaners Oliver Cromwell. Literaturgeschichtlich interessant ist das religiöse Verbot des Dramas und die damit einhergehende Schließung öffentlicher Theater während des „Puritanischen Interregnums".

Die herausragende literarische Erscheinung dieser Zeit ist John Milton mit seinen politischen Pamphleten und religiösen Epen (*Paradise Lost*, 1667, und *Paradise Regained*, 1671), die als Höhepunkt und Ausklang der englischen Renaissance gelten.

Achtzehntes Jahrhundert

Der nächste Abschnitt, der als eigene Epoche Erwähnung findet, ist das Achtzehnte Jahrhundert (engl. *Eighteenth Century*), das auch als *Neoclassical, Golden* oder *Augustan Age* bezeichnet wird. In ihrer intensiven Beschäftigung mit klassischen Texten in Form von Übersetzungen und theoretischen Essays adaptieren Autoren wie John Dryden (1631-1700), Alexander Pope (1688-1744), Joseph Addison (1672-1719) und Jonathan Swift (1667-1745) antike Literatur und Literaturtheorie für das 18. Jahrhundert. In diesem Zeitraum kommt es in der englischsprachigen Literatur zu einflußreichen Innovationen und Umbrüchen. Parallel zur Entstehung von Zeitungen und literarischen Zeitschriften wie dem *Tatler* (1709-1711) und *Spectator* (1711-1714) entwickelt sich der Roman als neue Gattung. Daniel Defoes (1660-1731) *Robinson Crusoe* (1719), Samuel Richardsons (1689-1761) *Pamela* (1740-1741) und *Clarissa* (1748-1749), Henry Fieldings (1707-1754) *Tom Jones* (1749) und Laurence Sternes (1713-1768) *Tristram Shandy* (1767-1768) stehen am Beginn eines neuen literarischen Genres, das die Stellung des Epos übernimmt und zu einer der produktivsten Gattungen der modernen Literaturgeschichte wird.

Puritanisches Zeitalter

Das literarische Schaffen im Amerika des 17. und 18. Jahrhunderts ist religiös motiviert und geht als Koloniales bzw. Puritanisches Zeitalter (engl. *Colonial* oder *Puritan Age*) in die Literaturgeschichte ein. Diese Strömung gilt als erstes weitgehend isoliertes literarisches Phänomen auf dem nordamerikanischen Kontinent. Frühe amerikanische Texte reflektieren in ihrer historiographischen und theologischen Ausrichtung die religiösen Wurzeln der amerikanischen Kolonialzeit. Cotton Mathers (1663-1728) und John Winthrops (1588-1649) tagebuchartige Aufzeichnungen sowie Anne Bradstreets (ca. 1612-1672) Lyrik zählen zu den wichtigsten Quellen der frühen Geschichte der Kolonien. Erst in den letzten Jahren wurden auch Werke afro-amerikanischer Sklavenschriftsteller wie Phillis Wheatleys (ca. 1753-1784) *Poems on Various Subjects* (1773) rezipiert, deren Texte neue Perspektiven auf soziale Umstände dieser Epoche werfen.

Romantik

Der Beginn der Romantik (engl. *Romanticism*) wird in der traditionellen englischen Literaturgeschichte mit Ende des 18. Jahrhunderts angesiedelt. Das Erscheinen der *Lyrical Ballads* (1798) der Autoren Wordsworth und Coleridge gilt als Beginn einer neuen Epoche, in der vor allem Naturlyrik und individuelle, emotionale Erfahrung eine große Rolle spielen. Die Romantik ist als Reaktion zur Aufklärung und zu den politischen Umbrüchen im Europa und Amerika des ausgehenden 18. Jahrhunderts zu verstehen. Zu den wichtigsten Autoren und Autorinnen der englischen Strömung gehören William Blake (1757-1827), William Wordsworth (1770-1850), Samuel Taylor Coleridge (1772-1834), John Keats (1795-1821), Percy Bysshe Shelley (1792-1822) und Mary Shelley (1797-1851). In Amerika überschneidet sich die Romantik weitgehend mit dem Transzendentalismus.

Transzendentalismus

In der ersten Hälfte des 19. Jahrhunderts etabliert sich in den USA unter dem Einfluß von romantischer Naturbegeisterung und deutschem Idealismus der Transzendentalismus (engl. *Transcendentalism*) als wichtigste, von England unabhängige, bodenständige Strömung. Diese an Ralph Waldo Emersons (1803-1882) philosophischen Schriften (*Nature*, 1836) orientierten Werke werden heute noch gerne als Beginn einer eigenständigen amerikanischen literarischen Tradition betrachtet. Der Transzendentalismus sieht Natur als Zugang zu philosophischer Erkenntnis. Der Mensch darf nicht bei natürlichen Erscheinungen stehen bleiben, sondern muß sie transzendieren (durchschreiten), um eine philosophisch-ganzheitliche Weltsicht zu erlangen. Zu den zentralen Texten dieser Strömung gehören neben Ralph Waldo Emersons philosophischen Werken Nathaniel Hawthornes (1804-1864) Kurzgeschichten, Henry David Thoreaus (1817-1862) Roman *Walden* (1854), Herman Melvilles (1819-1891) *Moby Dick* (1851), aber auch Walt Whitmans (1819-1892) Lyrik (*Leaves of Grass*, 1855-1892).

Realismus
Naturalismus

In der Folge haben Amerika und England alle weiteren internationalen literarischen Strömungen mitgetragen. Gegen Ende des 19. Jahrhunderts finden wir in beiden Ländern Vertreter des Realismus und Naturalismus (engl. *Realism* und *Naturalism*), also jener Richtungen, die um wirklichkeitsnahe Darstellungsformen in der Literatur bemüht sind. Oft wird Realismus als Strömung definiert, die „Wirklichkeit" in Sprache realistisch umsetzen will. Naturalismus hingegen gilt als Versuch, die determinierende Auswirkung sozialer und umweltbedingter Einflüsse auf Charaktere möglichst getreu darzustellen. Während sich in England diese Strömungen auch im Drama, etwa bei George Bernard Shaw (1856-1950) bemerkbar machen, dominiert in den USA vor allem die Prosa. Amerikanische Autoren wie Mark Twain (1835-1910), Henry James (1843-1916) oder Kate Chopin (1850-1904) und englische Schriftsteller wie Charles Dickens (1812-1870), William M. Thackeray (1811-1863), Charlotte (1816-1855) und Emily Brontë (1818-1848) oder George Eliot (1819-1880) zählen zu den wichtigsten Vertretern. In England fällt diese Ära zeitlich mit dem ausgehenden Viktorianischen Zeitalter (engl. *Victorian Age*) zusammen.

Modernismus

Als Reaktion auf die realistischen Strömungen des späten 19. Jahrhunderts ist der englische und amerikanische Modernismus (engl. *Modernism*) zu verstehen. Waren Realismus und Naturalismus vor allem um eine naturgetreue Abbildung der Wirklichkeit in der Literatur bemüht, wendet sich der Modernismus verstärkt innovativen Erzählstrukturen wie der *stream of consciousness technique* und neuen literarischen Ausdrucksformen wie Kollagen oder dem literarischen Kubismus zu. Der Begriff Modernismus faßt umfangreiche literarische Erneuerungen in den ersten Jahrzehnten des 20. Jahrhunderts zusammen, die sich unter dem Einfluß von Psychoanalyse und anderer kulturhistorischer Phänomene manifestierten. Zu den Hauptwerken gehören James Joyces (1882-1941) *Ulysses* (1922) und *Finnegans Wake* (1939), Virginia Woolfs (1882-1941) *Mrs Dalloway* (1925) und *To the Lighthouse* (1927), Gertrude Steins (1874-1946) *Three Lives* (1909), Ezra Pounds (1885-1972) *Cantos* (1915-69), T.S. Eliots (1888-1965)

The Waste Land (1922) und William Faulkners (1897-1962) *The Sound and the Fury* (1929).

Postmodernismus

Im Postmodernismus (engl. *Postmodernism*) werden modernistische Anliegen bezüglich innovativer Erzähltechniken wieder aufgenommen und auf akademische, oft formelhafte Art umgesetzt. Die literarische Erscheinung der zweiten Hälfte des 20. Jahrhunderts, die indirekt nationalsozialistische Verbrechen und nuklearen Holocaust des Zweiten Weltkrieges verarbeitet, führt Ansätze des Modernismus weiter. Vielperspektivische Erzählstrukturen, überlagerte und ineinander verwobene Handlungsstränge, aber auch drucktechnische Spielereien sind Leitmotive dieser Texte. Werke wie John Barths (*1930) *Lost in the Funhouse* (1968), Thomas Pynchons (*1937) *The Crying of Lot 49* (1966), Raymond Federmans (*1928) *Double or Nothing* (1971) oder John Fowles' (*1926) *The French Lieutenant's Woman* (1969) haben diesem Trend zu einer etablierten Stellung in der Literaturwissenschaft verholfen. Das absurde Drama wie Samuel Becketts (1906-1989) *Waiting for Godot* (1955) oder Tom Stoppards (*1937) *Travesties* (1974) und der postmoderne Film adaptierten viele dieser Elemente für ihr Medium.

Frauen- und „Randgruppen"-Literaturen

In den achtziger Jahren sind die avantgardistischen und oft übertrieben anmutenden Arbeiten der Postmodernisten durch Frauen- und „Randgruppen"-Literaturen (engl. *Women's* und *"Minority" Literatures*) großteils verdrängt worden, die von geschlechtlichen (Frauen und Homosexuellen) und ethnischen (African-American, Chicanos bzw. Chicanas, Asian American) Gruppen getragen werden. Besonders die in den letzten Jahrzehnten an Einfluß gewinnende Frauenliteratur, die aus sozio-politischen Beweggründen wieder konkretere inhaltliche Anliegen vertritt, kehrt zu eher traditionellen Erzählstrukturen und Gattungen zurück. Werke wie Sylvia Plaths (1932-1963) *The Bell Jar* (1963), Doris Lessings (*1919) *The Marriages Between Zones Three, Four and Five* (1980), Erica Jongs (*1942) *Fear of Flying* (1973) oder Margaret Atwoods (*1939) *The Handmaid's Tale* (1985) haben mit *African-American Literature* wie Richard Wrights (1908-1960) *Native Son* (1940), Alice Walkers (*1944) *The Color Purple* (1980) und Toni Morrisons (*1931) *Beloved* (1987) Texte von Frauen und Minoritäten zu einer einflußreichen zeitgenössischen Richtung gemacht.

Postkoloniale Literatur

Neben Frauenliteratur sind die als Postkoloniale Literatur (engl. *Postcolonial Literatures*) und neuerdings als *Literatures in English* oder anglophone Literaturen bezeichneten Texte ins Zentrum des Interesses gerückt. Werke aus ehemals britisch dominierten Gebieten der Karibik, Afrikas, Indiens oder Australiens haben ebenfalls zu dieser Wende in der zeitgenössischen literarischen Landschaft beigetragen, die durch verstärkte Betonung inhaltlicher Dimensionen ein Gegengewicht zu verspielten Innovationen von Modernismus und Postmodernismus darstellen. Salman Rushdies (*1947) *Satanic Verses* (1988), Derek Walcotts (*1930) *Omeros* (1990), Chinua Achebes (*1930) *Things Fall Apart* (1958) und Janet Frames (*1924) *An Angel at My Table* (1984) sind Beispiele dieses globalen Phänomens aus Asien, der Karibik, Afrika und Neuseeland. Es scheint sich nicht zuletzt unter diesen Einflüssen ein allgemeiner Trend in der anglo-amerikanischen

Literatur in Richtung einfacherer und traditionell erscheinender Erzählstrukturen zu vollziehen, der wieder Handlung und Inhalt gegenüber akademisch anmutenden narrativen Formen den Vorzug gibt.

Ein Raster wichtiger englischsprachiger literarischer Strömungen kann dieses weite und vielschichtige Gebiet nur berühren und muß viele Autoren und Autorinnen unberücksichtigt lassen. Jeder literaturgeschichtliche Überblick steht vor dem Problem der eindeutigen Zuordnung von Autoren und der klaren Gruppierung ihrer Werke, da es dafür nur Konventionen und keine feststehenden Regeln geben kann. So werden in dieser Einteilung Schriftsteller wie E.A. Poe (1809-1849) oder John Steinbeck (1902-1968) neben vielen anderen nicht erwähnt, da sie der hier verwendeten Epocheneinteilung nicht eindeutig zuzuordnen sind. Zudem können nur die wichtigsten Vertreter der jeweiligen Strömungen angeführt werden.

V. Wo und wie finde ich Sekundärliteratur?

Internet als Quelle

Im Zeitalter des Internets ist es unumgänglich, Erklärungen zur Literatursuche einige grundsätzliche Überlegungen voranzustellen. Auch wenn das Internet in vielen alltäglichen Situationen Recherchen unterschiedlicher Art revolutioniert und erleichtert hat, so darf dies nicht darüber hinwegtäuschen, daß dieses neue Werkzeug in der Literaturwissenschaft nur begrenzt nutzbar ist. Bevor man das Internet als Quelle für wissenschaftliche Arbeiten verwendet, muß man sich über einige Fakten im klaren sein: Nur ein verschwindend kleiner Prozentsatz von wissenschaftlichen Arbeiten wie Texteditionen, Monographien oder Aufsätze ist im Netz zugänglich. Der Großteil wissenschaftlicher Publikationen ist weiterhin nur in gedruckter Form erhältlich. Auch jene Zeitschriften, die neben ihrer gedruckten Ausgabe auch als Online-Publikationen existieren, sind nur dann über das Netz zugänglich, wenn die Universität eine Campuslizenz dafür besitzt. Dasselbe trifft für andere große Literaturdatenbanken mit Primärtexten zu. Dies bedeutet für den Literaturwissenschaftler, daß er weiterhin den Großteil der Quellen außerhalb des Internets, d.h. in Bibliotheken zu suchen hat.

Wenn also Professoren Arbeiten mit Quellenangaben, die überwiegend aus dem Internet stammen, als dilettantisch und unseriös beurteilen, dann liegt dies nicht unbedingt daran, daß sie sich dem Zeitgeist entgegenstellen. Eher wird in diesen Fällen die mangelnde wissenschaftliche Fundierung der Arbeit und unzureichende Sekundärliteraturrecherche für eine negative Beurteilung ausschlaggebend sein.

Forschungsstand und Themenwahl

Die wissenschaftliche Auseinandersetzung mit literarischen Werken sollte im Idealfall einen neuen Blickwinkel oder bestimmten Aspekt eines Textes herausarbeiten und in Verbindung zum jeweiligen Forschungsstand bringen. Um dieser Anforderung gerecht zu werden, ist es notwendig, sich mit der vorhandenen Sekundärliteratur vertraut zu machen. Es muß überprüft werden, welche Ergebnisse zu einem bestimmten Thema, Text oder Autor bereits veröffentlicht sind. Dadurch vermittelt Sekundärliteratur nicht nur Anregungen und Voraussetzungen für die eigene Arbeit, sondern bestimmt zugleich Grenzen der persönlichen Themenstellung, wenn sich ein Bereich als ausreichend erforscht erweist. Wie sehen nun gut recherchierte wissenschaftliche Arbeiten bzw. Seminararbeiten aus?

Wissenschaftliche Arbeiten während des Studiums sind meist thematisch klar umrissen, indem sie auf einen bestimmten Aspekt eines Textes oder Autors ausgerichtet sind. Für die Literatursuche zu Proseminar- und Seminararbeiten genügt in der Regel die im Schlagwortkatalog (engl. *subject index*) der Institutsbibliothek angeführte monographische (d.h. in Buchform erschienene) Sekundärliteratur zu einem bestimmten Thema. Diese Vorgangsweise reicht in den meisten Fällen aus, wenn keine anderen Anforderungen gestellt sind. Umfangreiche Untersuchungen wie Diplomarbeiten, Magisterarbeiten oder Dissertationen, aber auch die Abfassung von Aufsätzen zur Publikation in wissenschaftlichen Zeitschriften machen es nötig, sich intensiver über den Forschungsstand eines Gebietes zu informieren und eine möglichst vollständige Liste der Sekundärliteratur zusammenzustellen. Dies dient einerseits dazu, sich Ergebnisse anderer Wissenschaftler anzueignen, andererseits um zu überprüfen, ob eigene Resultate auch wirklich originell und nicht bereits veröffentlicht sind.

MLA International Bibliography

In den Philologien, d.h. den nach Sprachen eingeteilten Literatur- und Sprachwissenschaften, gibt es bibliographische Nachschlagewerke, die zur Literatursuche herangezogen werden. Für alle neusprachlichen Philologien wie Germanistik oder Romanistik, besonders aber für die anglistisch-amerikanistische Literaturwissenschaft gilt die von der *Modern Language Association* (*MLA*) zusammengestellte *MLA International Bibliography* als Standardreferenzwerk. Diese Bibliographie – mit jährlich mehreren tausend neuen Einträgen von Sekundärliteratur – erscheint seit dem Jahr 1921.

Online-Suche in der *MLA Bibliography*

Die meisten größeren Universitäts- oder Institutsbibliotheken führen die *MLA Bibliography* in ihrer gedruckten Version und ermöglichen außerdem den Zugriff auf die Online-Version von 1963 bis zur Gegenwart. Will man zum Beispiel herausfinden, was über den Roman *The Handmaid's Tale* (1985) der kanadischen Schriftstellerin Margaret Atwood erschienen ist, gibt man einfach den Namen der Autorin und Titel des Werkes bzw. ein Schlagwort ein, und am Bildschirm erscheint die gesamte in der *MLA Bibliography* erfaßte Sekundärliteratur zu den jeweiligen Suchbegriffen.

Eintrag in der Online-Version der *MLA Bibliography*

Hier zur Illustration ein Eintrag aus der genannten Online-Suche. Die Abkürzungen am linken Rand bedeuten: TI=title, AU=author(s), SO=source (Publikationsorgan), IS=International Standard Numbers, LA=language, PT=publication type, PY=publication year, DE=descriptors.

```
TI: Margaret Atwood's The Handmaid's Tale: A Contextual
Dystopia
AU: Ketterer,-David
SO: Science-Fiction-Studies, Greencastle, IN (SFS). 1989
July, 16:2 (48), 209-217
IS: 0091-7729
LA: English
PT: journal-article
PY: 1989
DE: Canadian-literature; 1900-1999; Atwood,-Margaret; The
Handmaid's-Tale; novel-; dystopian-novel; treatment of
historicity
```

Die einzelnen Literaturhinweise der *MLA International Bibliography* umfassen die wichtigsten Informationen über Inhalt und Thema des Sekundärwerkes, vor allem aber alle nötigen Daten, um sich die aufgelistete Sekundärliteratur (Zeitschriften- oder Sammelbandaufsatz, Buchpublikation etc.) beschaffen zu können. Im Fall des obigen Beispiels wird zuerst der Titel des Aufsatzes ("Margaret Atwood's *The Handmaid's Tale*: A Contextual

Dystopia"), dann der Name des Verfassers der Sekundärliteratur genannt (Ketter, David), weiters die Zeitschrift oder der Sammelband, worin der Aufsatz erschienen ist (*Science-Fiction Studies*), sowie Jahres-, Band- und Seitenangabe der Zeitschrift (1989 July; 16(2 [48]): 209-217) angeführt. Bei Buchpublikationen wird außerdem der Erscheinungsort und Verlag angegeben. Zusätzlich bietet die *MLA International Bibliography* unter der Rubrik *Descriptors* (*DE*) auch kurze Informationen über Inhalt und Themenstellung des Sekundärwerkes. Dies erfolgt in Stichworten und erlaubt eine erste, schnelle Orientierung über die Relevanz eines Werkes für das eigene Forschungsvorhaben.

Suche in der gedruckten *MLA Bibliography*

Die meisten Bibliotheken besitzen eine Lizenz für die Online-Version der *MLA Bibliography*, die jedoch nur den Zeitraum ab 1963 abdeckt. Will man früher erschienene Sekundärliteratur miteinbeziehen, muß man die gedruckte Bibliographie für den nicht berücksichtigten Zeitraum heranziehen. Ein Schlagwortband (engl. *Subject Index*) ermöglicht es, Sekundärliteratur zu Themenbereichen wie "feminist literary criticism", "detective fiction" oder "utopias" zu finden. Ein Autorenband (engl. *Author Index*), der nach Nationalliteraturen und Epochen gegliedert ist, listet Sekundärliteratur auf, die während des einjährig abgedeckten Zeitraums zu einem bestimmten Werk eines Autors erschienen ist.

Will man zum Beispiel herausfinden, was vor dem Jahr 1963 über den Roman *Mrs Dalloway* (1925) der englischen Schriftstellerin Virginia Woolf erschienen ist, sucht man sich in den jeweiligen Jahresbänden unter "English Literature" die Untersektion "Contemporary". Dort findet man die in einem bestimmten Jahr erschienene Sekundärliteratur zum gesuchten Autor. Hier ein Beispiel aus dieser Recherche im Band des Jahres 1956:

Eintrag in der gedruckten *MLA Bibliography*

```
Baldanza, Frank. "Clarissa Dalloway's 'Party Conscious-
ness.'" MFS, 11, 24-30.
```

Will man eine möglichst vollständige Liste der zu einem Autor oder Werk erschienenen Sekundärliteratur erhalten, ist es nötig, alle Jahresbände zu konsultieren, indem der oben beschriebene Vorgang mit jedem Jahresband wiederholt wird. Da die *MLA International Bibliography* bis ins Jahr 1921 zurückreicht, kann dies sehr arbeitsintensiv sein. Im Fall unseres Beispiels genügt es, die Bände ab 1925 zu kontrollieren, da Virginia Woolfs Roman *Mrs Dalloway* in diesem Jahr erschienen ist und vor diesem Datum keine Einträge zu diesem Werk aufscheinen können.

Obwohl die *MLA International Bibliography* das umfassendste bibliographische Nachschlagewerk für neuere Sprachen und Literaturen darstellt und normalerweise die Ansprüche eines Anfängers erfüllt, kann sie natürlich nie alle zu einem Thema oder Autor publizierte Sekundärliteratur beinhalten. Viele Universitätsbibliotheken bieten daher auch die Möglichkeit auf weitere internationale, computermäßig erfaßte Datenbanken bzw. Bibliographien zuzugreifen. Diese sehr aufwendige Suche ist aber für den Studienanfänger kaum interessant und lohnt sich erst im Rahmen einer Magisterarbeit oder eines Dissertationsprojektes.

vernetzte Online-Bibliothekskataloge

Eine einfache und schnelle Art Monographien, d.h. Buchpublikationen zu einem spezifischen Thema zu finden, die vor 1963 erschienen sind und daher in der Online-Version der *MLA International Bibliography* nicht aufscheinen, bieten die Online-Kataloge großer Forschungsbibliotheken wie der *Library of Congress* oder der *British Library*. Die meisten Universitäten ermöglichen auch den Zugriff auf vernetzte Kataloge wie den *Online Public Access Catalogue (OPAC)* oder das *Online Computer Library Center (OCLC)*, kurz *OCLC WorldCat* genannt. Diese Netzwerke erlauben mit einem Suchbefehl gleichzeitigen Zugriff auf die Daten einer großen Zahl internationaler Bibliothekskataloge, wobei das Programm selbständig die vernetzten Datenbanken auf den gewünschten Suchbefehl hin durchsucht.

Spezialbibliographien

Für größere Forschungsprojekte, die eine vollständige – oder annähernd vollständige – Liste der Sekundärliteratur zu einem Thema erfordern, ist es notwendig, Spezialkataloge und themenspezifische Bibliographien zu konsultieren. Die beste Überblicksdarstellung zu diesen Quellen ist James L. Harner, *Literary Research Guide: A Guide to Reference Sources for the Study of Literatures in English and Related Topics*, 3rd ed. (New York: MLA, 1998); 900 S.

Literaturbeschaffung und Fernleihe

Hat man Hinweise auf Sekundärliteratur in der *MLA Bibliography* oder einem der Standardreferenzwerke gefunden, beginnt die Suche nach vorhandener Literatur am eigenen Institut und an der Universitätsbibliothek. Benötigt man Bücher bzw. Zeitschriften, die nicht an den Bibliotheken der Universität vorhanden sind, können diese über die Universitätsbibliothek mit Hilfe der sogenannten Fernleihe (engl. *interlibrary loan*) von auswärts bestellt werden. Es kann auch sein, daß bestimmte Aufsätze, die man über diese Recherche gefunden hat, als Online-Publikation erhältlich sind. Dann ist es natürlich sinnvoll, diese Quellen zu nutzen und als Online-Publikation in der Arbeit zu zitieren. Wie man Sekundärliteratur richtig in der Arbeit dokumentiert, darauf wird im nächsten Kapitel näher eingegangen.

VI. Wie verfasse ich eine wissenschaftliche Arbeit?

Grobstruktur der Arbeit

Beim Abfassen einer Seminararbeit gibt es neben der Regeln bezüglich der Erstellung des kritischen Apparates (vgl. unten) einige Konventionen den Aufbau und die innere Struktur der Arbeit betreffend, die im anglo-amerikanischen Raum generell befolgt werden. Wichtig ist hierbei, daß eine wissenschaftliche Arbeit einen nachvollziehbaren Aufbau mit Einleitung, Hauptteil und Schluß besitzt.

Einleitungsparagraph

Der erste Absatz bzw. Einleitungsparagraph (engl. *introductory paragraph*) einer Arbeit erfüllt mehrere Funktionen: in den ersten Sätzen muß der Leser zum Thema geführt werden, indem man zum Beispiel mit relativ allgemein gehaltenen Aussagen zum spezifischen Anliegen der Arbeit hinleitet. Oft wird hierbei von bereits Bekanntem ausgegangen, um dann auf das Neue oder Spezielle der vorliegenden Arbeit hinzuweisen. Dieses „Neue" der Arbeit wird ebenfalls in der Einleitung im sogenannten *thesis statement* vermittelt, das dem Leser als eine Art Plan oder Vorschau im Hinblick auf Inhalt, Methode und Aufbau der Arbeit dient.

thesis statement

Thema

Ein Teil des *thesis statement* in der Einleitung muß kurz den spezifischen Fokus der Arbeit umreißen, wobei auf eine sinnvolle und praktikable Eingrenzung des Themas geachtet werden soll. Gute wissenschaftliche Arbeiten zeichnen sich durch eine genaue und überzeugende Einschränkung des Themas bzw. einen klaren Fokus aus. So hat es zum Beispiel wenig Sinn, für eine Seminar- oder Proseminararbeit ein so undifferenziertes Thema wie "Eugene O'Neill's Drama *The Emperor Jones*" zu wählen. Angesichts der Tatsache, daß es schon unzählige Publikationen zu diesem Text gibt, sollte man sich auf einen interessanten Teilaspekt konzentrieren, unter dem man das Werk analysiert, wie zum Beispiel "C.G. Jung's Archetypes and Eugene O'Neill's *The Emperor Jones*". Der Fokus der Arbeit sollte natürlich nicht willkürlich gewählt werden, sondern im Idealfall einen neuen und zugleich zentralen Aspekt des Textes behandeln.

Methode

Ein weiterer Teil des Einleitungsparagraphen bzw. des *thesis statement* geht darauf ein, wie das Thema angegangen wird; d.h. welche Methodik in der Analyse zur Anwendung kommt. Dieser Teil der Einleitung ermöglicht es dem Leser, die Arbeit wissenschaftstheoretisch einzuordnen bzw. mit einer Schule oder einem der eingangs behandelten methodischen Ansätze in Verbindung zu bringen. Im konkreten Fall des genannten Beispiels wäre dies eine Kombination von biographischen Fakten über Eugene O'Neill mit einer Analyse von C.G. Jungs Archetypen und deren Verwendung im Stück *The Emperor Jones*.

Weiters sollte in der Einleitung auch kurz darauf hingewiesen werden, welche Aspekte des Themas in welcher Reihenfolge präsentiert werden.

„Fahrplan" bzw. Reihenfolge der Punkte

Dieser „Fahrplan" erleichtert dem Leser die Orientierung, indem er die Konzeption der Arbeit von vornherein transparent und nachvollziehbar macht. Im konkreten Fall der oben genannten Arbeit über O'Neill könnte man zum Beispiel argumentieren, daß eingangs biographische Daten Eugene O'Neills genannt werden, die O'Neills Wissen um die Theorien C.G. Jungs dokumentieren, und weiters die Hauptthesen Jungs zusammengefaßt werden, die dann als Grundlage für eine Analyse des Dramas *The Emperor Jones* dienen.

Kombination der Teilaspekte des *thesis statement*

Natürlich müssen die Teilaspekte des *thesis statement* nicht immer isoliert angeführt werden bzw. können in den meisten Fällen gar nicht getrennt voneinander behandelt werden. Oft wird im Thema bereits die Methode anklingen, oder Fahrplan und Methode bedingen sich gegenseitig. In vielen Fällen kann es daher sinnvoll sein, Thema und Methode oder auch Methode und „Fahrplan" zu kombinieren. Wie diese drei Aspekte des *thesis statement* in der Einleitung vermittelt werden hängt also stark von der jeweiligen Arbeit ab. Wichtig ist jedoch, daß alle drei Aspekte für den Leser eindeutig nachvollziehbar sind.

Beispiel für Einleitung

Beispiel für einen möglichen Einleitungsparagraphen

C.G. Jung's Archetypes and
Eugene O'Neill's Emperor Jones

Hinführen zum Thema

Since its first appearance more than eighty years ago, Eugene O'Neill's ground-breaking play The Emperor Jones (1920) has been subject to a variety of en vogue critical approaches, many of which today seem outdated or appear as mere fads of critical fashion.

Thema und Methode

However, reading this seminal play of the American literary canon in the light of C.G. Jung's concept of archetypes is not only suggested by the play's content but also by biographical documents which corroborate O'Neill's familiarity with and interest in Jung's theories.

„Fahrplan"

I will therefore briefly summarize O'Neill's contact with Jungian concepts by relying on published statements by the author himself, then sketch some of the major features of C.G. Jung's notion of the archetype in order to read select passages from The Emperor Jones within this theoretical framework.

Im Einleitungsparagraphen werden also Thema und methodische Vorgangsweise, aber auch Aufbau der Arbeit kurz umrissen. Um zu überprüfen, ob man einen informativen Einleitungsparagraphen geschrieben hat, sollte man sich folgende Fragen stellen: „Was" ist das Thema der Arbeit bzw. wovon handelt sie? „Wie", d.h. mit welcher Methode wird die Analyse durchgeführt? „Wann" oder in welcher Reihenfolge werden die Hauptargumente der Arbeit präsentiert? Sind diese drei grundlegenden Fragen nach „was", „wie" und „wann" beantwortet, dann kann man davon ausgehen, daß der Leser durch ein gutes *thesis statement* über Thema, Methodik und Aufbau der Arbeit unterrichtet wird.

Einleitung Checkliste

Jeder nachfolgende Paragraph oder Abschnitt der Arbeit soll eine Sinneinheit bilden, die einen Teilaspekt des gestellten Themas behandelt. Hierzu ist es wichtig, für jeden Absatz einen *topic sentence* einzufügen, der einerseits den Sinnzusammenhang des Absatzes umreißt, andererseits aber auch eine Verbindung zum Thema (d.h. *thesis statement*) der gesamten Arbeit herstellt. Auch sollte man überlegen, ob der Absatz an der richtigen Stelle innerhalb des *paper* plaziert ist; oder anders ausgedrückt, ob seine Stellung mit der in der Einleitung dargelegten Struktur übereinstimmt.

Absätze im Hauptteil

topic sentence

Überleitungen von einem Absatz zum anderen verleihen der Arbeit die notwendige innere Kohärenz. Im Idealfall sollte ein Absatz nahtlos in den nächsten übergehen, was dadurch erreicht wird, daß einerseits Überleitungen am Ende des Absatzes zum nachfolgenden verweisen, andererseits am Beginn des neuen Absatzes auf das Vorhergehende Bezug genommen wird. Am einfachsten lassen sich diese Verbindungen (engl. *transitions*) innerhalb des jeweiligen *topic sentence* am Beginn eines neuen Absatzes einflechten. Diese Struktur erleichtert dem Leser die Orientierung und gilt als Hauptmerkmal eines verständlichen Stils.

Überleitungen

Beispiel für einen Absatz innerhalb einer Arbeit

Beispiel für Absatz im Hauptteil

```
  Applying Jungian archetypes to the analysis of
literary texts is not an arbitrary methodological
choice but was suggested by C.G. Jung himself. In
his famous essay, "On the Relation of Analytic Psy-
chology to Poetry" (1922), Jung stylized archetypes
as a kind of collective unconscious at work in the
human psyche as well as an integral element of
literary texts. According to Jung, one of the main
reasons why literature contains archetypes is that
art is a psychological activity and therefore inevi-
tably reflects the workings of the artist's mind.
.....
.....
```

topic sentence mit Bezug zum vorhergehenden Absatz

Ausführungen zu einem Teilaspekt des *topic sentence*

Absatz Checkliste

Ein untrügliches Zeichen für schlecht strukturierte Arbeiten sind Absätze bestehend aus einzelnen, unzusammenhängenden Sätzen. Bildet man für jeden Satz einen eigenen Absatz, so kann man davon ausgehen, daß Aufbau und logische Struktur des Textes noch zu wünschen übrig lassen. Man muß dann daran gehen, die einzelnen Sätze so zu Absätzen zusammenzufassen, daß sie in sich geschlossene Sinneinheiten ergeben.

Unterkapitel Checkliste

Auch mögliche Unterkapitel sollte man einer kritischen Betrachtung unterziehen. Häufig werden in Aufsätzen so viele Überschriften eingefügt, daß fast jeder Absatz ein eigenes Kapitel darstellt. Bei einer Proseminararbeit von weniger als zehn Seiten mutet das übertrieben an. Ein damit verbundenes Problem ist, daß durch den Einsatz von Unterüberschriften oft logische Überleitungen zwischen den Sinneinheiten der Arbeit vernachlässigt werden. Der Trugschluß dabei ist, daß man meint, durch eine neue Überschrift auf einen neuen Aspekt überleiten zu können, ohne die einzelnen Abschnitte wirklich inhaltlich aufeinander abstimmen zu müssen. Um dem vorzubeugen, sollte man zumindest probeweise alle Kapitelüberschriften aus dem Text entfernen und überprüfen, ob der Text auch so noch kohärent und für den Leser nachvollziehbar strukturiert ist, und ob alle Teilbereiche logisch aufeinander folgen.

Schlußparagraph

Am Ende einer Arbeit werden in einem Schlußparagraphen (engl. *concluding paragraph*) die wichtigsten Punkte der Arbeit kurz zusammengefaßt, um so die Ergebnisse dem Leser noch einmal in Erinnerung zu rufen. Man sollte sich dabei nicht scheuen, dem Leser das *thesis statement*, vor allem aber die wichtigsten Punkte der Argumentationskette mit ihren Ergebnissen nochmals kurz und prägnant vor Augen zu führen. Gute Schlußsequenzen beinhalten weiters eine Art Ausblick (engl. *outlook*), der über die eigentlichen Ergebnisse hinausgeht bzw. diese in einen größeren Kontext stellt. Hierbei kann unter Umständen auf den Beispielcharakter der Arbeit hingewiesen und gezeigt werden, daß mit dieser Herangehensweise auch bei anderen Werken gute Ergebnisse möglich sind. Prinzipiell sollte in diesem kurzen Ausblick die Arbeit aus einer größeren Distanz betrachtet werden, um so über die eigentliche Untersuchung hinaus auf mögliche weitreichendere Zusammenhänge zu verweisen.

Zusammenfassung der Ergebnisse

Ausblick

Beispiel für Schlußparagraphen

Beispiel für einen möglichen Schlußparagraphen

Wiederholung des *thesis statement*

```
  Obviously, an archetypal reading of Eugene
O'Neill's The Emperor Jones cannot account for all
of the play's intricacies. However, by juxtaposing
biographical documents of the author in which he
expresses a deep interest in Jungian thought, with
a contextual analysis of the forest scenes in the
```

```
second part of the play, it was possible to trace a
striking coincidence between O'Neill's literary
images and Jungian theoretical concepts. These ima-
ges turned out to be deeply rooted in O'Neill's
first major play. His affinity to Jung's theories
is, of course, not restricted to this particular
play but rather reflects O'Neill's dramatic under-
standing in general and thus might also shed light
on some of the governing principles at work in all
of O'Neill's early plays.
```

kurze Zusammenfassung der Ergebnisse

Ausblick

Checkliste für Einleitung und Schluß

Als einfache Kontrolle, ob Einleitungs- und Schlußparagraph effizient gestaltet sind, kann man probeweise nur diese beiden Absätze lesen. Werden in diesen zwei zentralen Paragraphen alle wichtigen Fragestellungen und methodischen Schritte der Arbeit angeführt und zusammenfassende Antworten auf die Problemstellungen gegeben, so erfüllen Einleitung und Schluß ihre Funktion. Anders ausgedrückt sollten bei Lektüre von Einleitung und Schluß alle wichtigen Informationen über Inhalt, Methodik und Ergebnisse der Arbeit sozusagen auf einen Blick ersichtlich sein.

Man kann nun zu Recht anmerken, daß nicht alle publizierten wissenschaftlichen Aufsätze diese rigide Struktur beachten. Dennoch ist gerade diese Kompositionstechnik im anglo-amerikanischen Raum sehr verbreitet und wird in den meisten Kursen an Colleges und Universitäten gefordert. Besonders für Anfänger ist es von Vorteil, sich an solche Regeln zu halten, die eine nachvollziehbare Anleitung für die Abfassung wissenschaftlicher Arbeiten bieten. Diese Kompositionstechnik versucht, die innere Geschlossenheit zu verstärken und die Verständlichkeit von wissenschaftlichen Arbeiten zu fördern. So einfach diese Anleitungen auch erscheinen, sie erfordern sehr viel Praxis und Geduld, weshalb man sich auch nicht entmutigen lassen soll, falls es einem nicht auf Anhieb gelingt, seine Arbeit gemäß dieser Vorgaben zu strukturieren.

MLA Style Sheet

In jeder akademischen Disziplin haben sich weitere Konventionen bezüglich der Gestaltung des kritischen Apparates von wissenschaftlichen Arbeiten eingebürgert. Im Bereich der Anglistik und Amerikanistik gibt es hier besonders strikte Regeln, die von der bereits genannten *Modern Language Association* als weltweit größte Vereinigung von Literaturwissenschaftlern in Form eines Handbuches veröffentlicht sind. An dieses *style sheet* halten sich alle großen englischsprachigen Verlage und Zeitschriften, weshalb es sich auch an fast allen Universitäten durchgesetzt hat. Auch im deutschsprachigen Raum haben sich die *MLA*-Regeln im universitären Umfeld etabliert, da sie Anleitungen zur konsistenten Erstellung des kritischen Apparates (Fußnoten und Literaturverzeichnis) bieten. Die folgenden

Richtlinien sind eine einfache Version der wichtigsten Regeln, die im *MLA Handbook for Writers of Research Papers*[20] ausführlich erläutert werden.

Literaturwissenschaftliche Arbeiten zeichnen sich durch einen konsequenten und genau geführten kritischen Apparat aus. Darin werden alle Primär- und Sekundärtexte so angegeben, daß der Leser die Quellen der Zitate oder Paraphrasen jederzeit ausfindig machen kann. Aus diesem Grund müssen alle wichtigen Daten eines Textes erfaßt werden. Hierzu zählen Name des Verfassers oder Herausgebers, Titel des Sekundärwerkes, der Zeitschrift oder des Sammelbandes, worin der Aufsatz erschienen ist, sowie die Jahres-, Band- und Seitenangabe der Zeitschrift. Bei Buchpublikationen sind zusätzlich Erscheinungsort und Verlag anzugeben. Diese Information kann den ersten Seiten eines Buches bzw. dem Impressum einer Zeitschrift entnommen werden.

Direktzitat

Paraphrase

Fußnoten

Literaturverzeichnis

Verwendete Literatur fließt in eine Arbeit entweder als Zitat (engl. *quotation*) oder Paraphrase (engl. *paraphrase*) ein: kurze Passagen von Primärtexten werden meist als direkte Zitate eingefügt, größere Sinneinheiten in Form von Paraphrasen wiedergegeben. Sekundärliteratur wird in der Regel paraphrasiert, außer es handelt sich um grundlegende Thesen, die wörtlich übernommen werden. Wie bereits im Rahmen der Abgrenzung von Primär- und Sekundärliteratur erwähnt wurde, besteht der kritische Apparat im Normalfall aus Fußnoten und einem Literaturverzeichnis. Fußnoten erfüllen in einer wissenschaftlichen Arbeit einen doppelten Zweck: einerseits als Möglichkeit, anzugeben, woher man bestimmte Informationen oder Zitate bezogen hat, und um auf weiterführende Literatur zu verweisen (Quellen), andererseits kann ein Gedanke weiter ausgeführt werden, der nicht in unmittelbarem Zusammenhang mit der Argumentation im Text steht. Das Literaturverzeichnis am Ende einer Arbeit dient zur alphabetisch geordneten Dokumentation der bereits verwendeten Primär- und Sekundärliteratur.

Bei der Angabe der Textquellen in Form von Fußnoten oder im Literaturverzeichnis ist generell darauf zu achten, daß die Reihenfolge „wer, was, wo, wann" (Autor, Titel, Publikationsort mit Verlag, Publikationsjahr) eingehalten wird. Fußnoten unterscheiden sich in einigen formalen Punkten (Reihenfolge von Vor- und Nachname und Interpunktion) von der Bibliographie am Schluß des Textes, wie die folgenden repräsentativen Beispiele veranschaulichen:

Eintrag aus einem Literaturverzeichnis (engl. *bibliography*)
Nachname, Vorname. <u>Titel des Werkes</u>. Erscheinungsort: Verlag, Erscheinungsjahr.

Eintrag aus einem Literaturverzeichnis

`Frye, Northrop. Anatomy of Criticism: Four Essays. Princeton: Princeton University Press, 1957.`

Aufgrund der alphabetischen Ordnung der Einträge im Literaturverzeichnis wird der Nachname des Autors vorangestellt.

Beispiel für eine Fußnote (engl. *note*)
Vorname Nachname, Titel des Werkes (Erscheinungsort: Verlag, Erscheinungsjahr) Seitenangabe.

Beispiel für eine Fußnote

[1] Northrop Frye, Anatomy of Criticism: Four Essays (Princeton: Princeton University Press, 1957) 52.

Bei Fußnoten wird der Vorname des Autors zuerst angeführt und Erscheinungsort, Verlag und Erscheinungsjahr in Klammern angegeben. Auch die Verwendung von Punkt und Komma verändert sich gegenüber dem Eintrag im Literaturverzeichnis. Titel von Buchpublikationen und Zeitschriftennamen werden in Fußnoten und im Literaturverzeichnis immer durch Unterstreichen (in gedruckten Arbeiten durch Kursivschrift) gekennzeichnet. Aufsatztitel werden in Normalschrift (ohne Unterstreichen bzw. Kursivschrift) unter Anführungszeichen gesetzt, um sie so von Buchpublikationen optisch zu unterscheiden. Zeitschriftennamen werden unterstrichen bzw. kursiv gesetzt und oft abgekürzt. In der *MLA International Bibliography* befindet sich ein umfangreiches Verzeichnis (*list of abbreviations*) mit Abkürzungen aller gängigen literatur- und sprachwissenschaftlichen Zeitschriften.

Beispiele für Fußnoten
Buchpublikation eines Autors:

Fußnote: Buchpublikation eines Autors

[1] Carol Fairbanks, Prairie Women: Images in American and Canadian Fiction (New Haven: Yale University Press, 1986) 32.

Um eine Buchpublikation optisch von einem Aufsatz zu unterscheiden, wird der Titel des Buches unterstrichen.

Sammelband von mehreren Herausgebern:

Fußnote: Sammelband

[2] LeRoi Jones and Larry Neal, eds., Black Fire: An Anthology of Afro-American Writing (New York: Morrow, 1968) 85.

Die Abkürzung "eds." nach den Namen steht für "editors" (Herausgeber), die die Aufsätze oder Texte dieses Sammelbandes (engl. *anthology*) zusammengestellt und herausgegeben haben.

Aufsatz von zwei Verfassern in einer Zeitschrift:

Fußnote: Aufsatz in Zeitschrift

[3] W. K. Wimsatt, Jr., and Monroe C. Beardsley, "The Concept of Meter: An Exercise in Abstraction," PMLA 74 (1959): 593.

Der Titel von Aufsätzen wird unter Anführungszeichen gesetzt, um so hervorzuheben, daß es sich nicht um eine Buchpublikation handelt. Die unterstrichene Abkürzung PMLA steht für die literaturwissenschaftliche Zeitschrift *Publications of the Modern Language Association.* "74" ist der Jahrgang, "1959" das Publikationsjahr und "593" die Seite, von der zitiert bzw. auf die verwiesen wird.

Weitere Beispiele für Einträge in einem Literaturverzeichnis
Buchpublikation zweier Autoren:

Literaturverzeichnis: Buchpublikation zweier Autoren

`Gilbert, Sandra M., and Susan Gubar. The Madwoman in the Attic: The Woman Writer and the Nineteenth-Century Imagination. New Haven: Yale University Press, 1979.`

Viele Titel von wissenschaftlichen Arbeiten bestehen aus zwei Teilen. Wie dieses Beispiel zeigt, wird der Untertitel vom Titel durch einen Doppelpunkt getrennt.

Aufsatz in einer Zeitschrift:

Literaturverzeichnis: Aufsatz in Zeitschrift

`Booth, Wayne C. "Kenneth Burke's Way of Knowing." Critical Inquiry 1 (1974): 1-22.`

Bei Zeitschriftenartikeln ist generell darauf zu achten, daß Verlag und Publikationsort nicht angegeben werden, während das bei Buchpublikationen oder Sammelbänden notwendig ist. Wichtig bei Bibliographieeinträgen ist die genaue Seitenangabe (von Beginn und Ende) des zitierten Aufsatzes.

Sammelband von einem Herausgeber:

Literaturverzeichnis: Sammelband

`Greenblatt, Stephen, ed. New World Encounters. Berkeley: University of California Press, 1993.`

In den vergangenen Jahren sind immer mehr Primär- und Sekundärwerke in digitaler Form als CD-ROM oder *online* zugänglich gemacht worden. Auch bei den neuen Medien gelten ähnliche Regeln der Dokumentation wie bei gedruckten Quellen, indem Autor, Herausgeber, Titel etc. anzugeben sind. Im speziellen Fall von CD-ROMs wird „CD-ROM" vor dem Erscheinungsort angeführt.

CD-ROM im Literaturverzeichnis:

Literaturverzeichnis: CD-ROM

`Braunmuller, A.R., ed. Macbeth. By William Shakespeare. CD-ROM. New York: Voyager, 1994.`

Online-Aufsätze oder -Bücher werden prinzipiell wie gedruckte Texte zitiert, wobei jedoch wichtig ist, das Datum des Zugriffs auf die Website und den *Uniform Resource Locator (URL),* d.h. die Webadresse anzugeben. Da Online-Publikationen leicht verändert werden können, soll das genaue Datum des Zugriffs auf die Website dokumentieren, welche Version des Dokuments benutzt wurde.

Online-Artikel im Literaturverzeichnis:

Literaturverzeichnis: Online-Artikel

Tolson, Nancy. "Making Books Available: The Role of Early Libraries, Librarians, and Booksellers in the Promotion of African American Children's Literature." African American Review 32 (1998): 9-16. JSTOR 1 Oct. 2002 <http://www.jstor.org/search>.

Die angeführten Beispiele decken die am häufigsten vorkommenden Fußnoten- und Literaturverzeichniseinträge ab. Detaillierte Angaben für das Anführen von Buchrezensionen, Übersetzungen oder Neuauflagen gibt das *MLA Handbook*. Im ausführlichen Index am Ende des Handbuches sind diese Spezialfälle – unterteilt nach Fußnoten und Literaturverzeichnis – alphabetisch aufgelistet.

parenthetical documentation

Wird in einer schriftlichen Arbeit ein bestimmtes Primär- oder Sekundärwerk häufig erwähnt, muß es nicht jedesmal in Form einer Fußnote angeführt werden, sondern kann als *parenthetical citation* zitiert werden. Direkt im Text wird nach dem Zitat der Titel des Werkes (Anatomy of Criticism 22) oder der Name des Verfassers (Frye 22) sowie die Seitenzahl in Klammern angegeben. Diese Zitierweise kann natürlich auch alle Fußnoten in der Arbeit vollständig ersetzen, indem Quellen im Text prinzipiell nur in Klammern angegeben werden. In diesem Fall ist die Bibliographie am Ende der Arbeit die einzige vollständige Dokumentation der Quellen. Das *MLA Handbook* erlaubt beide Möglichkeiten. Wichtig für den Verfasser einer Arbeit ist, daß er sich für ein System entscheidet und dieses konsistent anwendet.

längere Textzitate als eigener Absatz

Ebenfalls zu beachten ist, daß kurze Direktzitate, die weniger als vier getippte Zeilen umfassen, in den Fließtext integriert und am Beginn und Ende durch Anführungszeichen markiert werden. Längere Textzitate erscheinen als eigener, links eingerückter Absatz im Text ohne Anführungszeichen. Wird eine Textpassage nicht zur Gänze zitiert, kennzeichnet man die ausgelassenen Teile durch drei Punkte in eckigen Klammern [...].

Da Seminar- oder Proseminararbeiten zur Korrektur bestimmt sind, wird ein doppelter Zeilenabstand gewählt und durch einen großzügigen Rand auf beiden Seiten des Textes Platz für Notizen und Kommentare bereitgestellt. Wichtig ist daher auch, daß Name des Verfassers, Titel der Arbeit, Name des Lehrveranstaltungsleiters und Bezeichnung der Lehrveranstaltung auf der ersten Seite oder einem eigenen Deckblatt der Arbeit angegeben sind.

Zur Veranschaulichung wird auf den beiden folgenden Seiten je ein Beispiel für die Gestaltung von Titelseite und Literaturverzeichnis einer Seminararbeit gezeigt:

Beispiel für eine Seite aus einer literaturwissenschaftlichen Arbeit

Durchnumerieren der Arbeit

Jones 1

Chris Jones
Professor Lement
English 210 Contemporary Utopian Fiction
14 Jan. 2003

Buchtitel unterstreichen

Gender in Ursula Le Guin's The Dispossessed

erste Zeile eines Absatzes einrücken

Until recently much scholarship on Le Guin's fiction has tended to take one of two forms. On the one hand, there are studies which analyze the structural features of Le Guin's fiction but without linking her narrative innovations to contemporary feminist debates. On the other hand, there are gender-specific approaches, which have taken their bearings from a critique of the perceived limitations of her female characters and her inclination toward an overall "maleness" in her portrayal of androgynes. The following reading of Ursula Le Guin's The Dispossessed tries to combine these two trends in scholarship by analyzing the gender-specific aspects of her novel in order to connect them to the overall structural features of the text.

Anführungszeichen bei Aufsätzen oder Kurzgeschichten

Anführungszeichen bei kurzen Zitaten

Although Le Guin took feminist accusations seriously - and in her essay "Is Gender Necessary? Redux," apologized for not having explored "androgyny from a woman's point of view as well as a man's"[1] - she also hinted at the intricate gender pattern in her novel, stating that the androgynes

längere Zitate als eigener Absatz

drei Punkte als Auslassungszeichen

Kurzzitierweise für häufig erwähnte Texte

> have no myth of progress at all. Their calendar calls the current year always the Year One, and they count backward and forward from that. In this, it seems that what I was after again was a balance: the [...] linearity of the 'male', the pushing forward to the limit, [...] and the circularity of the 'female.' ("Is Gender Necessary?" 12)

Fußnote

[1] Ursula K. Le Guin, "Is Gender Necessary? Redux," Dancing at the Edge of the World: Thoughts on Words, Women, Places (New York: Grove, 1989) 7.

Beispiel für eine Seite aus dem Literaturverzeichnis

Jones 17

List of works cited

Bittner, James W. "Chronosophy, Aesthetics, and Ethics in Le Guin's The Dispossessed: An Ambiguous Utopia." No Place Else: Explorations in Utopian and Dystopian Fiction. Ed. Eric S. Rabkin, Martin H. Greenberg, and Joseph D. Olander. Carbondale: Southern Illinois University Press, 1983. 244-70.

Derrida, Jacques. Of Grammatology. Trans. Gayatari Chakaravorty Spivak. Baltimore: Johns Hopkins University Press, 1974.

Gilman, Charlotte Perkins. Herland. 1915. London: Women's Press, 1986.

Le Guin, Ursula K. The Dispossessed. 1974. London: Grafton, 1986.

---. The Left Hand of Darkness. London: Macdonald, 1969.

---. "Is Gender Necessary? Redux." Dancing at the Edge of the World: Thoughts on Words, Women, Places. New York: Grove, 1989. 7-16.

Moi, Toril. Sexual/Textual Politics. London: Methuen, 1985.

Montrelay, Michèle. "Inquiry into Femininity." French Feminist Thought: A Reader. Ed. Toril Moi. New York: Blackwell, 1987. 227-49.

Showalter, Elaine. "Feminist Criticism in the Wilderness." The New Feminist Criticism. Ed. Elaine Showalter. London: Virago, 1985. 243-70.

Tolson, Nancy. "Making Books Available: The Role of Early Libraries, Librarians, and Booksellers in the Promotion of African American Children's Literature." African American Review 32 (1998): 9-16. JSTOR 1 Oct. 2002 <http://www.jstor.org/search>.

Anmerkungen

[1] Victor Erlich, *Russischer Formalismus* (München: Carl Hanser Verlag, 1964) 190.

[2] Umberto Eco, „... müssen mit Bedauern ablehnen (Lektoratsgutachten)," *Platon im Striptease-Lokal: Parodien und Travestien,* trans. Carl Kroeber (München: Carl Hanser Verlag, 1990) 130-131.

[3] Kurt Vonnegut, *Slaughterhouse-Five* (1969; London: Cape, 1970) 76.

[4] Mark Twain, "A True Story," *The Writings of Mark Twain,* vol. 19 (New York, London: Harper & Brothers Publishers, 1903) 265.

[5] Charlotte Brontë, *Jane Eyre* (1847; Rutland: J.M. Dent & Sons Ltd, 1991) 126.

[6] Ernest Hemingway, "The Short Happy Life of Francis Macomber," *The Complete Short Stories of Ernest Hemingway* (New York: Charles Scribner's Sons, 1987) 5.

[7] Diese vereinfachende Einteilung folgt in groben Zügen Franz K. Stanzel, *Typische Formen des Romans,* 12th ed. (Göttingen: Vandenhoeck & Ruprecht, 1993). Gerade die neuere Erzähltheorie hat eine Fülle von differenzierten Modellen hervorgebracht, die von völlig verschiedenen Ansätzen ausgehen. Zum Stand der Forschung vgl. Franz K. Stanzel, *Theorie des Erzählens,* 5th ed. (Göttingen: Vandenhoeck & Ruprecht, 1992) und die hilfreiche Zusammenstellung theoretischer Positionen in Manfred Jahn and Ansgar Nünning, "A Survey of Narratological Models," *Literatur in Wissenschaft und Unterricht* 27.4 (1994): 283-303.

[8] Jane Austen, *Northanger Abbey* (1818; London: Virago, 1989) 9.

[9] J.D. Salinger, *The Catcher in the Rye* (1951; Harmondsworth: Penguin, 1978) 1.

[10] James Joyce, *A Portrait of the Artist as a Young Man* (1916; Harmondsworth: Penguin, 1983) 58-59.

[11] Margaret Atwood, *The Edible Woman* (1969; New York: Bantam Books, 1991) 105.

[12] Edgar Allan Poe, "The Fall of the House of Usher," *The Complete Works of Edgar Allan Poe,* ed. James Harrison, vol. 3 (New York: AMS Press, 1965) 273-277.

[13] Virginia Woolf, *Mrs Dalloway* (1925; New York: Harcourt Brace Jovanovich, 1990) 3-5; meine Hervorhebungen.

[14] *Altenglische Lyrik,* ed. Rolf Breuer and Rainer Schöwerling (Stuttgart: Reclam, 1972) 57-59.

[15] *Mittelenglische Lyrik,* ed. Werner Arens and Rainer Schöwerling (Stuttgart: Reclam, 1980) 88-89.

[16] W.H. Auden, *Collected Shorter Poems, 1927-1957* (New York: Random House, 1975) 92.

[17] Ezra Pound, "A Few Don'ts," *Poetry* 1 (1913): 6; repr. in *Literary Essays of Ezra Pound,* ed. T.S. Eliot (Norfolk, Conn.: New Directions, n.d.) 4.

[18] Die Idee zum Einsatz dieses Gedichts von E.E. Cummings verdanke ich einem Hinweis von Gudrun M. Grabher.

[19] Aristoteles, *Vom Himmel – Von der Seele – Von der Dichtkunst,* trans. Olof Gigon (Zürich: Artemis, 1950) 398.

[20] Joseph Gibaldi, *MLA Handbook for Writers of Research Papers,* 6th ed. (New York: The Modern Language Association, 2003).

Weiterführende Literatur

Bei den hier angeführten Werken handelt es sich um allgemein einführende sowie das Studium begleitende Fachliteratur zur anglistisch-amerikanistischen Literaturwissenschaft bzw. um Standardnachschlagewerke, die zu den Beständen der meisten Universitäts- oder Institutsbibliotheken gehören. Aus der Vielzahl erhältlicher Literatur wurden ausschließlich benutzerfreundliche und anfängergerechte Darstellungen zu den hier behandelten textwissenschaftlichen Themenbereichen ausgewählt, wobei in keiner Weise Anspruch auf Vollständigkeit erhoben wird.

Werke, die mit einem Sternchen gekennzeichnet wurden, sind aufgrund ihres geringen Umfangs und ihrer Verständlichkeit besonders als erster Einstieg in Teilgebiete des Fachs für den Studienanfänger zu empfehlen. Die folgende Aufstellung versucht nach Möglichkeit, innerhalb der jeweiligen Themenbereiche Werke allgemeiner Natur jenen Arbeiten mit fokussierterer Information voranzustellen, um so Überblickswerke zu Teilgebieten auf den ersten Blick kenntlich zu machen.

Allgemeine literaturwissenschaftliche Terminologie

Terminologie

* M.H. Abrams, *A Glossary of Literary Terms,* 7th ed. (Fort Worth, San Diego: Harcourt Brace Jovanovich, 1994); 434 S. – Sehr verständliches, klassisches Nachschlagewerk, das grundlegende literaturwissenschaftliche Terminologie erklärt, die wichtigsten literaturtheoretischen Schulen vorstellt und weiterführende Literatur empfiehlt. In seiner knappen Form eignet es sich auch hervorragend als Lernhilfe und terminologisches Referenzwerk während des gesamten Studiums.

J.A. Cuddon, *Dictionary of Literary Terms and Literary Theory,* 4th ed. (New York: Penguin, 2000); 1024 S. – Umfangreiches und kostengünstiges Nachschlagewerk, das über Abrams' gerafften Überblick hinausgeht.

Encyclopedia of Literature and Criticism, ed. Martin Coyle et al. (London: Routledge, 1991); 1299 S. – Sammlung von Sachartikeln zu wichtigen Gebieten der Literaturwissenschaft mit Hinweisen auf weiterführende Literatur. Neben traditionellen Bereichen wie Epochen, Gattungen und Theorien sind etwa 100 Seiten englischsprachigen Literaturen außerhalb Englands und Amerikas gewidmet.

Autoren und Werke

Autoren und Werke

The Oxford Companion to English Literature, ed. Margaret Drabble, 6th ed. (Oxford, New York: Oxford University Press, 2000); 1184 S., sowie

The Oxford Companion to American Literature, ed. James D. Hart, 6th ed. (Oxford, New York: Oxford University Press, 1995); 800 S. – Umfangreiche, alphabetisch geordnete Nachschlagewerke zur Kurzinformation über die wichtigsten Autoren und Werke der englischsprachigen Literaturen.

Alfred Hornung, *Lexikon Amerikanische Literatur* (Mannheim, Leipzig: Meyers Lexikonverlag, 1992); 366 S. – Nachschlagewerk zu den wichtigsten Autoren und Werken der amerikanischen Literatur, das neben Hinweisen auf deutschsprachige Übersetzungen amerikanischer Titel auch zeitgenössische Autoren berücksichtigt.

Contemporary Writers of the English Language, 4 vols. (London: St. James Press, 1982-94); jeder Band zwischen 500 und 1000 S. – Dieses immer wieder neuaufgelegte biographische Nachschlagewerk mit gesonderten Bänden über Lyriker, Romanautoren, Dramatiker und Kritiker eignet sich besonders gut für Informationen zu jungen bzw. neueingeführten Autoren, die in den älteren Standardlexika noch nicht berücksichtigt wurden.

International Literature in English: Essays on the Major Writers, ed. Robert L. Ross (New York: Garland, 1991); 784 S. – Sammlung von Überblicksartikeln zu den wichtigsten Autoren der sogenannten "Commonwealth Literature" bzw. "New Literatures in English" mit weiterführenden Literaturangaben.

Encyclopedia of Post-Colonial Literatures in English, ed. Eugene Benson and L.W. Conolly, 2 vols. (London: Routledge, 1994); jeder Band ca. 900 S. – Alphabetisch geordnetes Nachschlagewerk zu den wichtigsten Regionen, Autoren, Themen und Gattungen anglophoner Literaturen außerhalb Englands und der USA, das neueste Entwicklungen rezipiert und weiterführende Literaturhinweise bietet.

Kindlers Neues Literaturlexikon: Hauptwerke der englischen Literatur, 2 vols. (München: Kindler Verlag, 1995); jeder Band ca. 800 S., sowie

Kindlers Neues Literaturlexikon: Hauptwerke der amerikanischen Literatur (München: Kindler Verlag, 1995); 832 S. – In diesen Lexikonbänden werden die wichtigsten Werke englisch-amerikanischer sowie anglophoner Literaturen nach Epochen und Autoren geordnet vorgestellt. Da jede Werkcharakterisierung eine Inhaltsangabe, wichtige Interpretationsansätze und Hinweise auf Sekundärliteratur beinhaltet, eignen sich diese Nachschlagewerke vor allem zur ersten Orientierung in der Auseinandersetzung mit spezifischen literarischen Texten.

Literaturtheorie

The Norton Anthology of Theory and Criticism, ed. Vincent B. Leitch (New York: Norton, 2001); 2624 S. sowie

Literaturtheorie

Critical Theory since Plato, ed. Hazard Adams, rev. ed. (Fort Worth, Philadelphia: Harcourt Brace Jovanovich, 1992); 1350 S. – Sammlungen repräsentativer literaturtheoretischer Primärtexte von der Antike bis zur Gegenwart.

Metzler Lexikon Literatur und Kulturtheorie, ed. Ansgar Nünning, 2nd ed. (Stuttgart, Weimar: Metzler, 2001); 706 S. – Bestes, alphabetisch geordnetes Nachschlagewerk in deutscher Sprache mit Sachartikeln zu den wichtigsten literaturtheoretischen Positionen, Begriffen und Theoretikern.

* Jeremy Hawthorn, *A Concise Glossary of Contemporary Literary Theory* (London, New York: Edward Arnold, 1992); 210 S. – Kurzer, alphabetisch geordneter Überblick über die wichtigsten Begriffe der postmodernen Theoriediskussion.

* *Lexikon literaturtheoretischer Werke*, ed. Rolf Günter Renner and Engelbert Habekost (Stuttgart: Alfred Kröner, 1995); 520 S. – Hilfreiche, alphabetisch geordnete Kurzzusammenfassungen wichtiger kultur- und literaturtheoretischer Werke verschiedener Epochen.

The Johns Hopkins Guide to Literary Theory & Criticism, ed. Michael Groden and Martin Kreiswirth (Baltimore, London: The Johns Hopkins University Press, 1994); 776 S., sowie

Encyclopedia of Contemporary Literary Theory: Approaches, Scholars, and Terms, ed. Irena R. Makaryk (Toronto, Buffalo, London: University of Toronto Press, 1993); 656 S. – Umfangreiche, alphabetisch geordnete Nachschlagewerke mit Sachartikeln zu den wichtigsten literaturtheoretischen Strömungen, Vertretern und Begriffen sowie detaillierten Literaturhinweisen.

* Peter Barry, *Beginning Theory: An Introduction to Literary and Cultural Theory* (Manchester, New York: Manchester University Press, 1995); 239 S. – Anfängergerechte Einführung in die wichtigsten Theoriebildungen des 20. Jahrhunderts.

* Raman Selden and Peter Widdowson, *A Readers Guide to Contemporary Literary Theory*, 4th ed. (Lexington: University Press of Kentucky, 1997); 264 S. – Eine der verständlichsten Einführungen in die neuere Literaturtheorie. Sie ist vor allem sehr gut kombinierbar mit:

Raman Selden, *Practicing Theory and Reading Literature: An Introduction* (Lexington: University Press of Kentucky, 1989); 206 S. – Hier wird anhand von je einem englischsprachigen literarischen Text eine literaturtheoretische Analysemethode exemplarisch vorgeführt.

Hubert Zapf, *Kurze Geschichte der anglo-amerikanischen Literaturtheorie*, 2nd ed. (München: Wilhelm Fink Verlag, 1996); 263 S. – Verständlicher historischer Abriß der wichtigsten Vertreter und Strömungen der englischen und amerikanischen Literaturtheorie vor dem Hintergrund internationaler Entwicklungen.

Terry Eagleton, *Literary Theory: An Introduction*, 2nd ed. (Minneapolis: University of Minnesota Press, 1996); 288 S. – Klassische, auch auf Deutsch erhältliche Einführung in die Literaturtheorie, die, obwohl sie neuere Strömungen nicht mehr rezipiert, dennoch einen guten Überblick über traditionelle Bereiche des Fachs bietet.

Jonathan Culler, *Literary Theory* (Oxford: Oxford University Press, 2000); 152 S. – Sehr knapper, anfängergerechter Abriß über die wichtigsten literaturtheoretischen Strömungen.

Einzeldarstellungen literaturtheoretischer Strömungen

Einzeldarstellungen Literaturtheorie

Die folgenden englischsprachigen Werke sind Einführungstexte in spezifische Bereiche der Literaturtheorie, die etwas höhere Anforderungen stellen als die oben genannten allgemeinen Überblicksdarstellungen:

Strukturalistische Theoriebildungen: Terence Hawkes, *Structuralism and Semiotics* (Berkeley: University of California Press, 1977); 192 S.

Psychoanalytische Literaturtheorie: Elisabeth Wright, *Psychoanalytic Criticism: Theory in Practice* (London, New York: Methuen, 1984); 208 S.

Marxistische Literaturtheorie: Terry Eagleton, *Marxism and Literary Criticism* (Berkeley: University of California Press, 1976); 88 S.

Dekonstruktion: Christopher Norris, *Deconstruction: Theory and Practice*, 3rd ed. (New York: Routledge Chapman & Hall, 2002); 248 S.

Feministische Literaturtheorie: Toril Moi, *Sexual/Textual Politics*, 2nd ed. (London, New York: Routledge, 2002); 240 S.

Rezeptionstheorie: Robert C. Holub, *Reception Theory: A Critical Introduction* (London, New York: Methuen, 1985); 189 S.

New Historicism: Brook Thomas, *The New Historicism and Other Old-Fashioned Topics* (Princeton: Princeton University Press, 1991); 278 S. sowie

Catherine Gallagher and Stephen Greenblatt, *Practicing New Historicism* (Chicago: University of Chicago Press, 2001); 249 S. – Die "Introduction" (1-19) bietet einen ausgezeichneten Überblick über Methode und Tätigkeitsbereiche des New Historicism.

Postcolonial Theory: Peter Childs and Patrick Williams, *An Introduction to Post-Colonial Theory* (London, New York: Prentice Hall, 1997); 240 S. sowie

Post-Colonial Studies: The Key Concepts, ed. Bill Ashcroft, Gareth Griffiths, and Helen Tiffin, 2nd ed. (London, New York: Routledge, 2001); 288 S.

Gattungen

Primärtextanthologien:

Gattungen Primärtexte

Literature Online (http://www.lion.chadwyck.co.uk) – Eine der umfangreichsten Volltextdatenbanken für englische und amerikanische Literatur mit vielen weiteren Links zu anderen Primärtextdatenbanken. Voraussetzung für die Benutzung ist eine Campuslizenz der Universität.

The Norton Introduction to Literature, ed. J. Paul Hunter et al., 8th ed. (New York, London: Norton, 2002); 2118 S. – Eine Sammlung englischsprachiger Primärtexte verschiedener Epochen und Gattungen sowie zusätzliche terminologische Information mit Hilfestellungen zur Textanalyse.

The Norton Anthology of English Literature, ed. M.H. Abrams et al., 7th ed., 2 vols. (New York, London: Norton, 2000); jeder Band ca. 2500 S., sowie

The Norton Anthology of American Literature, ed. Nina Baym et al., 6th ed., 2 vols. (New York, London: Norton, 2002); jeder Band ca. 2930 S., sowie

The Norton Anthology of Literature by Women: The Traditions in English, ed. Sandra M. Gilbert and Susan Gubar, 2nd ed. (New York, London: Norton, 1996); 2452 S. – Diese Primärtextsammlungen stellen nicht nur einen repräsentativen Querschnitt von Texten aus den verschiedenen Gattungen und Epochen englischsprachiger Literaturen zusammen, sondern eignen sich gerade für den Anfänger zur Orientierung, welche Werke traditionellerweise als „kanonisch" – d.h. besonders wichtig für das Fach – erachtet werden.

New Worlds of Literature: Writings from America's Many Cultures, ed. Jerome Beaty and J. Paul Hunter, 2nd ed. (New York, London: Norton, 1994); 980 S. – Eine Anthologie literarischer Texte in englischer Sprache aus den USA, Kanada und der Karibik, wobei bewußt Autorinnen und Autoren aus unterschiedlichen nicht-angelsächsischen ethnischen und kulturellen Traditionen berücksichtigt wurden.

Prosa:

Prosa

* Jeremy Hawthorn, *Studying the Novel: An Introduction*, 4th ed. (London: Saint Martin's Press, 2001); 192 S. – Einführung in die Geschichte und Elemente der Gattung Prosa mit weiterführender Literatur.

Franz K. Stanzel, *Typische Formen des Romans*, 12th ed. (Göttingen: Vandenhoeck & Ruprecht, 1993); 81 S. – Überblicksdarstellung der drei wichtigsten Erzählsituationen im Roman. Obwohl es sich hierbei nicht um den letzten Stand der erzähltheoretischen Forschung handelt, ist dieser Text aufgrund seiner einleuchtenden Systematik und Kürze als erster Einstieg immer noch zu empfehlen.

Franz K. Stanzel, *Theorie des Erzählens*, 7th ed. (Göttingen: Vandenhoeck & Ruprecht, 2001); 339 S. – Auch in englischer Übersetzung erhältlicher Klassiker der Erzähltheorie, der den Anspruch vertritt, eine Systematik für die im Roman möglichen Erzählsituationen zu bieten und damit für den Anfänger oft hohe Anforderungen stellt.

Shlomith Rimmon-Kenan, *Narrative Fiction: Contemporary Poetics*, 2nd ed. (London: Routledge, 2002); 208 S. – Gut verständliche, anfängergerechte Einführung in die Grundlagen der Erzähltheorie.

The Columbia History of the British Novel, ed. John J. Richetti et al. (New York: Columbia University Press, 1994); 1064 S., sowie

The Columbia History of the American Novel, ed. Emory Elliott (New York: Columbia University Press, 1991); 800 S. – Sammlungen literaturgeschichtlicher Sachartikel einschlägiger Fachwissenschaftler zu wichtigen Romanautoren.

Ian Watt, *The Rise of the Novel: Studies in Defoe, Richardson and Fielding* (1957; Berkeley: University of California Press, 2001); 340 S. – Klassische, gut lesbare Studie zu den Anfängen und soziokulturellen Hintergründen des englischen Romans im 18. Jahrhundert.

Michael McKeon, *The Origins of the English Novel, 1600-1740*, 15th ed. (Baltimore: Johns Hopkins University Press, 2002); 560 S. – Neues Standardwerk zum frühen Roman, das im Gegensatz zu Watt die Anfänge der Gattung vor dem 18. Jahrhundert annimmt.

Hans-Werner Ludwig, *Arbeitsbuch Romananalyse*, 6th ed. (Tübingen: Gunter Narr, 1998); 260 S. – Detaillierte Einführung in die Romananalyse, deren Systematik für den Anfänger höhere Anforderungen stellt als die genannten englischsprachigen Publikationen.

Lyrik:

Lyrik

The New Princeton Encyclopedia of Poetry and Poetics, ed. Alex Preminger et al., rev. ed. (Princeton: Princeton University Press, 1993); 1382 S.

– Standardnachschlagewerk zu den Hauptgebieten der Lyrik sowie den traditionellen Gebieten der Literaturtheorie.

*Laurence Perrine et al., *Perrine's Sound and Sense,* 10th ed. (Orlando: Dryden Press, 2000); 464 S., sowie

Donald Hall, *To Read a Poem,* 2nd ed. (Fort Worth: Harcourt Brace Jovanovich, 1992); 432 S. – Anfängergerechte Einführungen in die Elemente und Terminologie der Lyrik mit einer großen Zahl englischsprachiger Textbeispiele.

Richard Ellmann and Robert O'Clair, eds., *Modern Poems: An Introduction to Poetry,* 2nd ed. (New York: Norton, 1989); 526 S. – Diese Anthologie mit wichtigen Texten der englischen und amerikanischen Lyrik des 19. und 20. Jahrhunderts bietet biographische Informationen, Erklärungen zu den Texten sowie einen fünfzigseitigen gerafften Überblick über die zentralen Elemente der Lyrik.

Cleanth Brooks and Robert Penn Warren, *Understanding Poetry,* 4th ed. (New York: Holt, Rinehart and Winston, 1976); 602 S. – Klassiker der werkimmanenten Lyrikanalyse, der trotz seines rigiden Ansatzes die terminologischen und formalen Aspekte der Lyrik anhand von konkreten Textinterpretationen in verständlicher Weise erläutert.

Hans-Werner Ludwig, *Arbeitsbuch Lyrikanalyse,* 4th ed. (Tübingen: Gunter Narr, 1994); 272 S., sowie

Dieter Burdorf, *Einführung in die Gedichtanalyse,* 2nd ed. (Stuttgart: Metzler, 1997); 262 S. – Detaillierte Einführung in die Lyrikanalyse, deren Systematik für den Anfänger höhere Anforderungen stellt als die genannten englischsprachigen Publikationen.

Peter Hühn, *Geschichte der englischen Lyrik,* 2 vols. (München: Francke, 1995); jeder Band ca. 350 S. – Verständlicher Abriß der englischen Lyriktradition, der besonderen Wert auf exemplarische Interpretationsbeispiele legt.

The Columbia History of American Poetry, ed. Jay Parini (New York: Columbia University Press, 1993); 894 S. – Sammlung literaturgeschichtlicher Sachartikel einschlägiger Fachwissenschaftler zu wichtigen amerikanischen Lyrikern.

Drama:

Drama

The Cambridge Guide to Theatre, ed. Martin Banham, 2nd ed. (Cambridge: Cambridge University Press, 1995); 1247 S. – Illustriertes, alphabetisch geordnetes Nachschlagewerk zur allgemeinen Kurzinformation über die wichtigsten Dramatiker, Werke und dramatischen Termini.

* Robert Cohen, *Theatre: Brief Version,* 6th ed. (New York: McGraw-Hill Companies, 2002); 378 S., sowie

Robert W. Corrigan, *The World of Theatre,* 2nd ed. (Madison: Brown & Benchmark, 1992); 408 S. – Reich illustrierte Einführungswerke, die die Gattung Drama über den anglo-amerikanischen Kontext hinaus vorstellen sowie Aspekte der Regie und Aufführung berücksichtigen.

Martin Esslin, *An Anatomy of Drama* (New York: Hill & Wang, 1977); 125 S.

– Sehr kurzer und verständlicher Überblick über die wichtigsten Aspekte des Dramas.

Elke Platz-Waury, *Drama und Theater: Eine Einführung*, 5th ed. (Tübingen: Gunter Narr, 1999); 258 S. – Traditionell gehaltene, aber leicht verständliche Einführung in die wichtigsten Bereiche des Dramas.

Phyllis Hartnoll, *A Concise History of Theatre*, rev. ed. (London: Thames and Hudson, 1985); 262 S. – Reich illustrierter allgemeiner Überblick über die historische Entwicklung des Theaters in seiner Gesamtheit von Text, Regie und Aufführung.

Simon Trussler, *The Cambridge Illustrated History of British Theatre* (Cambridge: Cambridge University Press, 1994); 403 S. – Umfassende, reich illustrierte Geschichte des Dramas bzw. Theaters in England von seinen ersten Anfängen im Mittelalter bis in die 90er Jahre des 20. Jahrhunderts.

Manfred Pfister, *Das Drama: Theorie und Analyse*, 11th ed. (München: Wilhelm Fink Verlag, 1997); 454 S. – Auch ins Englische übersetztes Standardwerk zum Drama, das wie Stanzel für den Roman eine umfassende Systematik der Dramenanalyse versucht, die jedoch für den Anfänger nicht immer leicht verständlich ist.

Film:

Film: Nachschlagewerke

International Dictionary of Films and Filmmakers, ed. Nicolet V. Elert et al., 3rd ed., 4 vols. (Detroit, New York: St. James Press, 1997); jeder Band ca. 1250 S. – Eines der umfangreichsten englischsprachigen Nachschlagewerke zu den verschiedenen Aspekten des internationalen Films, mit je einem eigenen Band über Filme, Regisseure, Schauspieler und Scriptwriter bzw. Produzenten.

Ephraim Katz, *The Film Encyclopedia*, 2nd ed. (New York: Harper Perennial, 1994); 1496 S. – Preisgünstiges, alphabetisch geordnetes Nachschlagewerk zu den wichtigsten Begriffen, Personen und Werken im Umfeld des Films.

Susan Hayward, *Cinema Studies: The Key Concepts*, 2nd ed. (London, New York: Routledge, 2000); 528 S. – Alphabetisch geordnetes Nachschlagewerk zu zentralen Begriffen, Namen und Konzepten in Filmwissenschaft und Filmtheorie.

Leonard Maltin, *Movie and Video Guide* (New York: Signet, n.d.); 1580 S. – Sehr preiswertes Nachschlagewerk zur Kurzinformation zu den wichtigsten Kino- und Videofilmen, das jährlich neu aufgelegt wird und damit auch neueste Filme berücksichtigt.

The Oxford Guide to Film Studies, ed. John Hill and Pamela Church Gibson (Oxford, New York: Oxford University Press, 1998); 624 S. – Standardwerk mit informativen Sachartikeln zu den wichtigsten Themenbereichen der Filmstudien.

Filmgeschichte

* David Parkinson, *History of Film* (New York: Thames and Hudson, 1995); 264 S. – Prägnante und reich bebilderte Überblicksdarstellung über die Geschichte des internationalen Films.

Gerald Mast and Bruce F. Kawin, *A Short History of the Movies*, 8th ed. (Boston, London: Allyn & Bacon, 2002); 752 S., sowie

David A. Cook, *A History of Narrative Film*, 3rd ed. (New York, London: W.W. Norton, 1996); 1087 S. – Umfangreiche, gut verständliche Überblicksdarstellungen zur Geschichte des Internationalen Films.

Filmeinführungen

* Thomas Sobchack and Vivian Sobchack, *An Introduction to Film*, 2nd ed. (Glenview, Boston: Scott, Foresman and Company, 1987); 514 S., sowie

Louis Giannetti, *Understanding Movies*, 6th ed. (Englewood: Prentice-Hall, 1989); 512 S., sowie

Bruce F. Kawin, *How Movies Work* (Berkeley, Los Angeles: University of California Press, 1992); 574 S. – Verständliche Einführungen in Geschichte, Gattungen und Elemente des Films mit konkreten Beispielen und Illustrationen.

James Monaco, *How to Read a Film: The Art, Technology, Language, History, and Theory of Film and Media*, 3rd ed. (New York, Oxford: Oxford University Press, 2000); 672 S. – Klassisches Einführungswerk, das auch in deutscher Übersetzung erhältlich ist und sich daher gut als Einstieg in die deutschsprachige Filmterminologie eignet.

Film und Literatur

Morris Beja, *Film and Literature: An Introduction* (London: Longman, 1979); 335 S. – Bietet einen guten allgemeinen Überblick über wichtige Aspekte der Wechselwirkung Literatur und Medium Film sowie eine große Zahl exemplarischer Analysen von Literaturverfilmungen.

Seymour Chatman, *Coming to Terms: The Rhetoric of Narrative in Fiction and Film* (Ithaca: Cornell University Press, 1990); 256 S. – Überblick über die Wechselwirkung von Film und Literatur aus erzähltheoretischer Sicht.

Adaptations: From Text to Screen, Screen to Text, ed. Deborah Cartmell and Imelda Whelehan (London: Routledge, 1999); 247 S. – Exemplarische Analysen von Literaturverfilmungen.

The Encyclopedia of Novels into Film, ed. John C. Tibbetts and James M. Welsh (New York: Facts on File, 1997); 522 S. – Hilfreiches, alphabetisch geordnetes Nachschlagewerk zu den wichtigsten Romanen und ihren Verfilmungen.

Filmtheorie

Robert Stam, *Film Theory: An Introduction* (Oxford: Blackwell, 2000); 381 S. – Überblick über die wichtigsten Strömungen in der Filmtheorie des 20. Jahrhunderts. Gut kombinierbar mit:

Film and Theory: An Anthology, ed. Robert Stam and Toby Miller (Oxford: Blackwell, 2000); 862 S. – Thematisch geordnete Auswahl von filmtheoretischen Primärtexten aus den letzten vier Jahrzehnten.

Critical Dictionary of Film and Television Theory, ed. Roberta E. Pearson and Philip Simpson (London: Routledge, 2001); 498 S. – Alphabetisch geordnetes Nachschlagewerk über die wichtigsten filmtheoretischen Begriffe, Namen und Konzepte.

Film Theory and Criticism: Introductory Readings, ed. Gerald Mast et al., 4th ed. (New York, Oxford: Oxford University Press, 1992); 797 S. – Zusammenstellung repräsentativer (Primär)Texte der Filmtheorie und Filmkritik von ihren Anfängen bis in die Gegenwart.

Literaturgeschichte

Literaturgeschichte

* G.C. Thornley and Gwyneth Roberts, *An Outline of English Literature*, rev. ed. (London, New York: Longman, 1994); 216 S., sowie

* Peter B. High, *An Outline of American Literature* (London, New York: Longman, 1986); 256 S. – Beide Texte bieten einen gerafften und reich illustrierten Überblick über die wichtigsten Strömungen, Autoren und Werke der englischen bzw. amerikanischen Literatur von den Anfängen bis zur Gegenwart. Diese Literaturgeschichten zeichnen sich durch exemplarische Besprechungen von Texten bzw. Textpassagen aus, wobei besonders Wert auf größere Zusammenhänge gelegt wird, ohne in katalogartige Aufzählungen zu verfallen.

Peter Wagner, *A Short History of English and American Literature* (Stuttgart: Ernst Klett Verlag, 1992); 326 S. – Illustrierter Überblick in einem Band über die Epochen englischer und amerikanischer Literaturgeschichte mit ihren Hauptvertretern und -werken, der notgedrungen oft in Aufzählungen endet und dadurch den Anfänger streckenweise mit einer Fülle von Fakten konfrontiert.

The Oxford Illustrated History of English Literature, ed. Pat Rogers (Oxford, New York: Oxford University Press, 1992); 490 S., sowie

Peter Conn, *Literature in America: An Illustrated History* (Cambridge: Cambridge University Press, 1989); 608 S. – Sehr ansprechende, reich bebilderte Literaturgeschichte, die in Form von Sachartikeln die wichtigsten Epochen abdeckt.

Englische Literaturgeschichte, ed. Hans Ulrich Seeber, 3rd ed. (Stuttgart: J.B. Metzlersche Verlagsbuchhandlung, 1999); 461 S., sowie

Amerikanische Literaturgeschichte, ed. Hubert Zapf (Stuttgart: J.B. Metzlersche Verlagsbuchhandlung, 1996); 595 S. – Diese umfangreichen und reich illustrierten Literaturgeschichten behandeln die wichtigsten Epochen in Form von Sachartikeln einschlägiger deutschsprachiger Fachwissenschaftler. Es handelt sich hierbei um die fundiertesten Überblicksdarstellungen in deutscher Sprache, die gerade für den etwas weiter fortgeschrittenen Studierenden sehr zu empfehlen sind.

Ewald Standop and Edgar Mertner, *Englische Literaturgeschichte,* 5th ed. (Heidelberg: Quelle & Meyer, 1992); 755 S. – Klassiker unter den deutschsprachigen Literaturgeschichten mit vielen detaillierten Hinweisen zum Forschungsstand.

A Literary History of England, ed. Albert C. Baugh, 2nd ed. (London: Routledge, 1967); 1876 S. – Klassiker unter den englischsprachigen Literaturgeschichten, der sich immer noch als Nachschlagewerk und erste Orientierung eignet.

Andrew Sanders, *Short Oxford History of English Literature,* 2nd ed. (Oxford: Oxford University Press, 1996); 744 S., sowie

Columbia Literary History of the United States, ed. Emory Elliot (New York: Columbia University Press, 1988); 1263 S. – Einbändige, relativ anspruchsvolle Standardwerke mit Sachartikeln zur gesamten englischen bzw. amerikanischen Literaturgeschichte von den Anfängen bis zur Gegenwart.

The Cambridge History of American Literature, ed. Sacvan Bercovitch, 8 vols. (Cambridge: Cambridge University Press, 1994-); jeder Band ca. 900 S. – Neues Standardwerk zur amerikanischen Literaturgeschichte von den Anfängen bis zur Gegenwart mit Sachartikeln führender Amerikanisten. Noch sind nicht alle acht geplanten Bände erschienen. In ihrer Komplexität eignen sich diese Werke für den Anfänger wohl nur zur vertiefenden Information über literaturgeschichtliche Teilaspekte, nicht aber zur Aneignung eines ersten Überblicks.

Form der wissenschaftlichen Arbeit

wissenschaftliches Arbeiten

* Joseph Gibaldi, *MLA Handbook for Writers of Research Papers*, 6th ed. (New York: The Modern Language Association, 2003); 361 S. – Detailliertes Standardnachschlagewerk zur formalen Erstellung des kritischen Apparats mit neuesten Informationen zur computerunterstützten Literatursuche. Da dieses Handbuch in regelmäßigen Abständen mit leichten Überarbeitungen neu aufgelegt wird, ist darauf zu achten, daß man die jeweils letzte Ausgabe verwendet.

James L. Harner, *Literary Research Guide: A Guide to Reference Sources for the Study of Literatures in English and Related Topics*, 4th ed. (New York: MLA, 2002); 820 S. – Sehr detaillierte Aufstellung möglicher Quellen für bibliographische Recherchen. Das Buch nennt unter anderem allgemeine bibliographische Nachschlagewerke ähnlich der *MLA International Bibliography*, erwähnt aber auch eine Vielzahl von Standardreferenzwerken aus unterschiedlichen Teildisziplinen innerhalb der Literaturwissenschaften.

Jeannette A. Woodward, *Writing Research Papers: Investigating Resources in Cyberspace*, 2nd ed. (Lincolnwood, Ill.: NTC/Contemporary, 1999); 336 S. – Hilfreiches Handbuch zum Verfassen von Seminararbeiten unter Zuhilfenahme von Ressourcen im Internet. Neben Adressen wichtiger Websites bietet dieses Buch auch Kriterien an, die gute und zitierbare Websites auszeichnen.

Alice Oshima and Ann Hogue, *Writing Academic English*, 3rd ed. (London: Longman, 1998); 269 S. – Sehr benutzerfreundliches Einführungswerk zum Verfassen akademischer Arbeiten mit vielen Übungsbeispielen. Der Schwerpunkt des Buches liegt auf Kompositionstechnik, d.h. es behandelt Aufbau und Gliederung eines Textes, wobei ausgehend von der Satzebene, über Absatzgestaltung bis hin zur inhaltlichen Grobkonzeption alle wichtigen Strukturaspekte erläutert werden.

Glossar textwissenschaftlicher Grundbegriffe

Dieser Überblick über die wichtigsten Begriffe im Umfeld der Literatur- und Filmwissenschaft dient zur Kurzinformation oder als persönliche Überprüfungshilfe. Die angegebenen Ziffern beziehen sich auf jene Passagen im Text, die den jeweiligen Begriff ausführlich behandeln.

absurdes Theater (engl. theater of the absurd), 66-67: Strömung im →*Drama* der Mitte des 20. Jahrhunderts, die sich von einem traditionellen, auf einen Höhepunkt gerichteten Handlungsverlauf und konventioneller →*Charakterpräsentation* abwendet, um eine entsprechende Ausdrucksform zur Darstellung des modernen Menschen der Nachkriegsära zu finden.

Achtzehntes Jahrhundert (engl. Eighteenth Century), 85: auch als Neoclassical, Golden oder Augustan Age bezeichnete literatur- und kulturgeschichtliche Epoche, in der es in der englischsprachigen Literatur zu einflußreichen Innovationen und Umbrüchen durch die Entstehung von Zeitungen und literarischen Zeitschriften kommt und sich →*Roman* und →*Essay* als neue →*Gattungen* entwickeln.

affective fallacy (etwa „Irrglaube der Wirkung"), 24: wichtiger Begriff des →*New Criticism,* der das Miteinbeziehen der emotionalen Reaktion des Lesers auf einen Text in der →*Interpretation* kritisiert; damit stellt sich der New Criticism besonders gegen unbegründetes subjektives Ergriffensein durch Texte; vgl. auch →*intentional fallacy.*

Akt (engl. act), 68: grobe Unterteilung eines →*Dramas,* die wiederum aus mehreren Szenen bestehen kann. Das →*Elisabethanische Theater* übernahm die in der Antike übliche Gliederung der Handlung in fünf Akte; im 19. Jahrhundert wurde die Zahl auf vier, im 20. Jahrhundert auf meist drei Akte reduziert oder die Akteinteilung zugunsten einer losen Szenenfolge aufgegeben.

akustische Dimension des Films, 81-82: jüngster Aspekt des →*Films,* der erst in den zwanziger Jahren entwickelt wurde und eine radikale Veränderung des Mediums mit sich brachte. Information war nun nicht mehr ausschließlich an optische Effekte wie Mimik, Gestik oder eingeblendete Schrift gebunden, sondern konnte mittels Sprache bzw. Dialog, Musik oder Geräuschen vermittelt werden.

Alliteration bzw. **Stabreim** (engl. alliteration), 62: →*Reim,* der den anlautenden Konsonanten innerhalb eines Verses wiederholt; vgl. →*Assonanz.*

Altenglische Periode (engl. Old English oder Anglo-Saxon Period), 83-84: diese früheste Epoche der englischen Literatur und Sprache wird im allgemeinen mit der Invasion Britanniens durch die germanischen Stämme der Angeln, Sachsen und Jüten im 5. Jahrhundert angesetzt und reicht bis zur Eroberung Englands durch William the Conqueror im Jahr 1066; zu den wichtigen Gattungen zählen →*Epos* und →*Lyrik.*

Amphitheater (engl. amphitheater), 70-71: →*griechisches Theater* unter freiem Himmel bestehend aus Orchestra und Skene bzw. Bühnenhaus. Die Sitzplätze für das Publikum waren in konzentrischen Sitzreihen um die Orchestra angeordnet.

Anapäst (engl. anapest), 62: →*Versfuß,* bei dem auf zwei unbetonte Silben eine betonte Silbe (˘ ˘ ´) folgt; z.B.: "Ănd thĕ sheén | ŏf theĭr spéars | wăs lĭke stárs | ŏn thĕ seá."

archetypischer Ansatz (engl. archetypal criticism), 22-23: basierend auf der Tiefenpsychologie C.G. Jungs (1875-1961) werden in dieser →*strukturalistischen,* der Psychoanalyse verwandten Richtung Texte auf kollektive Archetypen (Grundmotive oder Urbilder) des menschlichen Unterbewußtseins hin untersucht, die unterschiedlichen Epochen oder Sprachen gemeinsam sind und in Mythos und Literatur verarbeitet werden (wie Mutterfigur, Schatten, etc.); vgl. →*mythologischer Ansatz.*

aside, 67: Sonderform des →*Monologs,* in dem eine Figur auf der Bühne Information an das Publikum weitergibt, die nicht für die anderen Bühnenfiguren zugänglich ist.

Assonanz (engl. assonance), 62: →*Reim,* der den anlautenden Vokal innerhalb eines Verses wiederholt; vgl. →*Alliteration.*

Aufführung (engl. performance), 73-75: letzte Phase in der Umsetzung eines dramatischen →*Textes* auf der Bühne; vgl. →*Drama* und →*Schauspieler.*

Auflösung (franz. und engl. denouement), 43: Phase des →*Plots* nach dem →*Höhepunkt* meist am Ende des Textes, in der die Auflösung der →*Komplikation* erfolgt.

Aufsatz (engl. essay oder article), 13: →*Sekundärliteratur* zu einem spezifischen Thema, →*Text* oder Autor in Zeitschriften oder →*Sammelbänden.*

auktoriale Erzählsituation (engl. omniscient point of view), 47-49: →*Erzählperspektive,* die auf die handelnden Personen im Text ausschließlich in der dritten Person verweist und die Handlung aus einer allwissenden, gottähnlichen oder entpersonifizierten Perspektive wiedergibt.

Ausgangssituation (engl. exposition), 43: erster Teil eines →*linearen Plots;* wird auch als Exposition bezeichnet.

autororientierte Ansätze (engl. author-centered approach), 27-29: literaturwissenschaftliche Richtungen, die eine direkte Verbindung zwischen literarischem Text und Biographie des Autors herzustellen versuchen; vgl. →*Biographische Literaturwissenschaft.*

Ballade (engl. ballad), 53: Untergattung der erzählenden →*Lyrik,* die eine Art Zwitterstellung zwischen epischen Lang- und lyrischen Kurzformen einnimmt, da sie trotz gut entwickelten →*Plots* und differenzierter →*Erzählperspektive* an Umfang und Komplexität nicht an →*Epos* oder →*Romanze* heranreicht. Formal zeichnet sich die Ballade durch vierzeilige →*Strophen* aus.

Beleuchtung (engl. lighting), 70: visuelles Mittel, das in →*Film* und

→*Drama* als bedeutungstragendes Element eingesetzt wird, um die Handlung durch optische Effekte zu unterstützen.

Bibliographie oder **Literaturverzeichnis** (engl. bibliography oder list of works cited), 13, 98-103: alphabetisch geordnete Liste der verwendeten →*Primär-* und →*Sekundärliteratur* in einer wissenschaftlichen Arbeit.

Bildlichkeit (engl. imagery), 57: Begriff, der auf das lateinische Wort „imago" („Bild") zurückgeht und vorwiegend auf den Einsatz konkreter Sprache verweist, die abstrakte Themen eines Gedichtes bildhaft erscheinen läßt.

Bildungsroman (engl. bildungsroman), 40: Untergattung des →*Romans,* die generell die Entwicklung eines →*Protagonisten* von seiner Kindheit bis ins Alter zeigt.

Biographische Literaturwissenschaft (engl. biographical criticism), 27-28: →*autororientierter Ansatz* in der →*Literaturwissenschaft,* der eine Wechselwirkung zwischen Biographie des Autors und seinem Werk herzustellen versucht.

Briefroman (engl. epistolary novel), 40: Untergattung des →*Romans,* die Briefe als Ausdrucksmedium einer →*Ich-Erzählsituation* verwendet.

Buchbesprechung oder **Rezension** (engl. book review), 35-36: kritisch bewertende Besprechung eines →*Primär-* oder →*Sekundärwerkes* in einer Zeitschrift oder Zeitung.

Charakter bzw. **Figur** (engl. character oder figure), 44-47: handelnde Person in einem literarischen Text. Man spricht von Hauptperson bzw. *Protagonist* (engl. main character oder protagonist) und →*Nebenfigur* (engl. minor character). Wiederkehrende Charaktertypen im →*Drama* werden als stock characters bezeichnet.

Charakterpräsentation (engl. character presentation), 44-47: man unterscheidet generell zwischen →*Typisierung* und →*Individualisierung;* der typenhaft skizzierte Charakter, der durch *eine* dominante Eigenschaft bestimmt ist, wird auch als →*flat character* bezeichnet. Werden komplexe Eigenschaften oder differenzierte Wesenszüge dargestellt, spricht man von einem →*round character.* Sowohl typifizierte als auch individualisierte Charaktere müssen in einem Text durch bestimmte „Präsentationsmethoden" vermittelt werden. Man kann zwischen dem →*Zeigen* (engl. showing) und dem →*Erklären* (engl. telling) als zwei grundlegenden Arten der Charakterisierung in Texten unterscheiden.

Chiasmus oder **Kreuzstellung** (engl. chiasmus), 60: kreuzartige Anordnung von Buchstaben, Wörtern oder Phrasen in einem Gedicht (vom griech. Buchstaben „X"= Chi).

Chor (engl. chorus), 74: Ursprünglicher Kern des antiken →*Dramas,* dem in der klassischen Zeit weitere Figuren hinzugefügt wurden. Aufgabe des Chors war eigentlich, lyrische Gedichte vorzutragen, die zum Teil die Handlung des Dramas kommentierten, aber auch teilweise an die Schauspieler gerichtet waren, um diesen Ratschläge zu erteilen; vgl. →*griechisches Theater*

close reading, 24: zentraler Begriff des →*New Criticism,* der oft gleichbedeutend mit →*werkimmanenter* Textinterpretation verwendet wird; vgl. auch →*affective* und →*intentional fallacy.*

Comedy of Manners oder **Restoration Comedy**, 66: beliebte Dramenform des späten 17. Jahrhunderts in England, die bevorzugt Bürger der gehobenen Schicht in witzigen Dialogen darstellt.

Cultural Studies, 32: →*kontextorientierte Richtung,* die ihre kulturwissenschaftlichen Analysen bewußt auf unterschiedliche Bereiche menschlichen Ausdrucks ausdehnt. So werden unter anderem Werbung, bildende Kunst, →*Film*, Fernsehen, Mode, Architektur, Trivialliteratur, Musik, aber auch subkulturelle Erscheinungen zusammen mit „traditionellen" literarischen Texten als Manifestationen eines kulturellen Ganzen gelesen.

Daktylus (engl. dactyl), 62: →*Versfuß,* bei dem auf eine betonte Silbe zwei unbetonte Silben (´ ˘ ˘) folgen; z.B.: "Júst fŏr ă | hándfŭl ŏf | sílvĕr hĕ | léft ŭs."

Darstellende Künste (engl. performing arts), 75-76: trotz ihrer unterschiedlichen Erscheinungsformen werden →*Drama* und →*Film* aufgrund ihres Einsatzes von →*Schauspielern* als Ausdrucksmedium gerne unter dem Begriff Darstellende Künste zusammengefaßt.

Dekonstruktion (engl. deconstruction), 25-27: eine der jüngsten und komplexesten Richtungen der →*textorientierten Ansätze* in der Literaturtheorie, die auf den Arbeiten des französischen Philosophen Jacques Derrida (*1930) basiert und auch als →*Poststrukturalismus* bezeichnet wird; betont wie die →*Semiotik* den Zeichencharakter von →*Texten,* richtet aber das Hauptaugenmerk auf das Zusammenspiel der →*Signifikanten* und unterscheidet sich so von älteren Schulen des →*Strukturalismus.*

Dialog (engl. dialogue), 67: Rede auf der Bühne, die im Gegensatz zum →*Monolog* an einen direkten Partner gerichtet ist.

Diskurs (engl. discourse), 11: Bezeichnung für inhaltlich oder thematisch klassifizierbare (mündliche und schriftliche) Sprachpraxis; z.B. historischer, ökonomischer, politischer, weiblicher Diskurs; vgl. auch →*Gattung* und →*Textsorte.*

Drama (engl. drama), 65-75: eine der drei klassischen literarischen →*Gattungen,* zu dessen Ebenen →*Text,* →*Transformation* und →*Aufführung* zählen; d.h. neben geschriebenem oder gesprochenem Wort bedienen sich die Darstellenden Künste einer Reihe nonverbaler, vorwiegend optisch-visueller Kommunikationsebenen wie Bühnenbild, Szenenfolge, Mimik, Gestik, Schminke, Requisiten und → *Beleuchtung.*

dramatische Charakterisierung oder **zeigende Charakterisierung** (engl. showing), 46: diese →*Präsentationsmethode* suggeriert dem Leser, daß die agierenden Personen durch ihre Handlungen und Aussagen im Text ohne zwischengeschalteten Kommentator ähnlich wie im Drama wahrnehmbar sind; vgl. →*Charakterpräsentation.*

drei Einheiten (engl. three unities), 67-68: Regeln bezüglich der Einheit von Ort, Zeit und Handlung im →*Drama,* die auf die Interpretationen von Aristoteles' *Poetik* in der →*Renaissance* zurückgehen; demnach soll sich im „guten" Drama der Ort der Handlung während eines Stückes nicht verändern, die Zeit im Stück mit der realen Aufführungsdauer übereinstimmen sowie die Handlung in sich geschlossen einen linearen →*Plot* verfolgen.

Einleitungsparagraph (engl. introductory paragraph), 93-95: der erste Absatz in einer wissenschaftlichen Arbeit dient dem Leser als eine Art Plan oder Vorschau über Inhalt und Aufbau der Arbeit. Das sogenannte →*thesis statement* umreißt kurz das spezifische Thema der Arbeit und informiert darüber, wie das Thema angegangen wird, d.h. welche Methodik in der Analyse zur Anwendung kommt und welche Aspekte des Themas in welcher Reihenfolge präsentiert werden.

Einstellung (engl. frame bzw. shot), 79: Begriffe wie close-up, medium und long shot bezeichnen den auf der Leinwand gezeigten Ausschnitt oder die Entfernung der Kamera vom gefilmten Objekt. Durch Einsatz von Weitwinkel- oder Teleobjektiven können ähnliche Effekte erzielt werden; vgl. auch →*mise-en-scène.*

Elegie (engl. elegy), 54: klassische Gedichtform, die meist die Klage um einen Verstorbenen thematisiert.

Elisabethanisches Theater (engl. Elizabethan Theater), 74: Zeitalter der Wiederbelebung des neuzeitlichen Theaters in England unter der Herrschaft von Queen Elizabeth I. (1558-1603); zu den wichtigsten Dramenautoren zählen William Shakespeare (1564-1616) und Christopher Marlowe (1564-1593); vgl. →*Renaissance.*

Endreim (engl. end rhyme), 63: häufiges Reimschema in modernen →*Gedichten,* das sich durch identische Silben am Ende bestimmter Verszeilen auszeichnet; vgl. →*Reim.*

English oder **Shakespearean sonnet**, 64: Sonettform bestehend aus drei quatrains und einem couplet. Das →*Metrum* (jambische Pentameter) der insgesamt 14 Verszeilen folgt dem Reimschema *abab cdcd efef gg;* vgl. →*Sonett.*

Epos (engl. epic), 38: umfangreiches erzählendes „Gedicht", das sich trotz Abfassung in Versen aufgrund seines Umfangs, der Erzählstruktur, Charakterschilderung und des Handlungsverlaufs von der Gattung →*Lyrik* abhebt. Seine komplexe →*Handlung* kreist meist um einen nationalen Helden, der Abenteuer oder Prüfungen von kosmischen Dimensionen zu bestehen hat. In der Neuzeit wird das Epos weitgehend vom →*Roman* abgelöst; vgl. auch →*Lyrik* und →*Romanze.*

Erklären (engl. telling), 46: Präsentationsmethode, in der eine Figur im Gegensatz zum →*Zeigen* durch einen Erzähler beschrieben wird; vgl. →*Charakterpräsentation.*

Erlebnislyrik (engl. lyric poetry), 53: im Gegensatz zur →*erzählenden Lyrik* zeichnen sich diese relativ kurzen Gedichte dadurch aus, daß das Hauptaugenmerk auf *einem* Erlebnis, Eindruck oder einer Idee liegt (z.B →*Sonett* und →*Ode).*

erzählende Lyrik (engl. narrative poetry), 53: hierzu rechnet man Gattungen wie →*Epos,* →*Romanze* und →*Ballade,* die eine Geschichte mit klar ersichtlicher →*Handlung* erzählen.

Erzählperspektive oder **-situation** (engl. point of view oder narrative perspective), 47-50: Art und Weise, wie Personen, Ereignisse oder Schauplätze in einem Text präsentiert werden, wobei zwischen drei grundlegenden Positionen unterschieden werden kann: die Handlung wird dem Leser durch eine außenstehende Erzählinstanz →*auktorial*, durch eine beteiligte Person →*Ich-Erzählsituation* oder völlig kommentarlos →*personal* (d.h. in der 3. Person aus der Sicht einer handelnden Person) vermittelt; vgl. auch →*stream of consciousness technique.*

Essay (engl. essay), 12: literarisches →*Genre*, das einen spezifischen Aspekt einer bestimmten Fragestellung auf wenigen Seiten behandelt und aus heutiger Perspektive sowohl der →*Primär-* als auch der →*Sekundärliteratur* zuzurechnen ist; in England hat das Essay vor allem im Umfeld der Zeitschriften des →*Achtzehnten Jahrhunderts* eine Blüte erfahren.

Expressionismus (engl. expressionism), 66: kunst- und literaturgeschichtliche Strömung des frühen 20. Jahrhunderts, die sich durch bewußte Überbetonung bestimmter Aspekte eines dargestellten „Objektes" (z.B. kräftige Linien in der Malerei; typifizierte →*Charakterpräsentation* in der Literatur) vom älteren →*Realismus* abhebt.

externe Methode (engl. external method), 73-74: Ansatz in der Schauspielausbildung, der davon ausgeht, daß der →*Schauspieler* durch verschiedene Techniken in der Lage ist, beliebige Bewußtseinszustände ohne emotionales Hineinversetzen in seine Rolle zu imitieren; vgl. →*interne Methode.*

eye rhyme, 62-63: →*Reim,* der mit der Schreibweise und Aussprache von Wörtern spielt; z.B.: "Then reached the caverns measureless to m*an,* /And sank in tumult to a lifeless oce*an.*" Die beiden letzten Silben der Verse besitzen die gleiche Buchstabenfolge "an," werden aber verschieden ausgesprochen.

Feministische Literaturwissenschaft (engl. feminist literary theory), 32-34: neuerer →*kontextorientierter Ansatz,* der das Phänomen „Geschlechterdifferenz" (deshalb oft auch →*Gender Theory*) als methodischen Ansatzpunkt zur Analyse literarischer Texte wählt.

Film (engl. film), 75-82: trotz ihrer unterschiedlichen Erscheinungsformen werden →*Drama* und Film aufgrund ihres Einsatzes von →*Schauspielern* als Ausdrucksmedium gerne unter dem Begriff →*Darstellende Künste* (engl. performing arts) zusammengefaßt. Betrachtet man das Medium jedoch aus einer formal-strukturalistischen Perspektive, erscheint der Film in vielen Aspekten dem →*Roman* verwandter als dem Drama. Der größte Unterschied zum Drama liegt sicher in der „Fixiertheit" des Films, während die Aufführung des Theaterstücks Einmaligkeitscharakter aufweist; vgl. →*räumliche,* →*zeitliche* und →*akustische Dimension des Films.*

Filmmaterial (engl. film stock), 78: durch gezielten Einsatz von schwarzweißem, farbigem, kontrastreichem oder kontrastarmem, hoch- oder wenigempfindlichem Filmmaterial werden Effekte erzielt, die auf inhaltliche Aspekte indirekt Einfluß nehmen können; vgl. →*räumliche Dimension des Films.*

flat character, 44-45: typenhaft skizzierte Figur, die durch *eine* dominante Eigenschaft bestimmt ist; diese →*Charakterpräsentation* wird auch als →*Typisierung* bezeichnet; vgl. →*round character.*

Formalismus (engl. formalism), 20-23: →*textorientierter Ansatz,* der oft mit →*Strukturalismus* gleichgesetzt wird, da beide in der →*Interpretation* formal-strukturelle Aspekte (→*werkimmanente* Methode) eines Textes hervorheben und bewußt historische, soziologische, biographische oder psychologische Dimensionen des literarischen →*Diskurses* vernachlässigen. Es werden z.B. phonetische Strukturen, Rhythmus, →*Reim*, →*Metrum* und Ton als eigenständige bedeutungstragende Elemente analysiert. Wichtige Schulen sind der →*Russische Formalismus* und →*Prager Strukturalismus* in der ersten Hälfte des 20. Jahrhunderts. Im anglo-amerikanischen Raum hat sich der →*New Criticism* als verwandte Richtung entwickelt; vgl. auch →*Semiotik* und →*Dekonstruktion.*

Forschungsbericht (engl. review article), 36: aufsatzähnliche Zusammenstellung, Sichtung und Besprechung von →*Sekundärliteratur* zu einem spezifischen Thema, Autor oder Werk in einer wissenschaftlichen Zeitschrift.

Frauenliteratur (engl. women's literature), 87: Oberbegriff für literarische Primärtexte von weiblichen Autoren, die sich als anerkannte Strömung erst in der zweiten Hälfte des 20. Jahrhunderts etabliert hat; vgl. auch →*„Randgruppen"-Literaturen.*

Fußnote (engl. note bzw. footnote), 13-14, 97-102: zusätzliche, inhaltliche Anmerkungen zu einem Text bzw. Hinweise auf →*Primär-* oder →*Sekundärliteratur.*

Gattung oder **Genre** (engl. genre), 11-13: Oberbegriff für literarische Formen, die traditionellerweise in →*Epos,* →*Drama* und →*Lyrik* unterteilt werden. Diese Gattungs- oder Genreunterscheidung wird heute zwar noch häufig verwendet, jedoch haben besonders die Prosaformen →*Roman* (engl. novel) und →*Kurzgeschichte* (engl. short story) das traditionelle →*Epos* (engl. epic) weitgehend abgelöst. Es wird daher speziell im englischen Sprachraum vermehrt von prose (bzw. fiction), drama und poetry gesprochen; vgl. auch →*Diskurs* und →*Textsorte.*

Gedicht oder **Lyrik** (engl. poetry), 52-64: literarische →*Gattung,* die sich formal von der →*Prosa* durch Vers, →*Reim* und →*Metrum* unterscheidet; in modernen Prosagedichten oder experimenteller Lyrik fehlen diese klassischen Merkmale oft; sie zeichnen sich aber durch bestimmte Wortwahl sowie bewußten Einsatz von syntaktischen Strukturen und →*rhetorischen Figuren* als lyrisches Phänomen aus; vgl. auch →*erzählende Lyrik* und →*Erlebnislyrik.*

Gender Theory, 33-34: →*kontextorientierter Ansatz,* der das Phänomen „Geschlechterdifferenz" als methodischen Ansatzpunkt zur Analyse literarischer Texte wählt. Im Gegensatz zur →*Feministischen Literaturwissenschaft* bemüht sich dieser Analyseansatz um die Miteinbeziehung beider Geschlechter.

griechisches Theater (engl. Greek theater), 70-71: Amphitheater unter freiem Himmel bestehend aus Orchestra und Skene bzw. Bühnenhaus. Die Sitzplätze für das Publikum waren in konzentrischen Sitzreihen um die Orchestra angeordnet. Während die →*Schauspieler* sich zwischen Skene und Orchestra bewegten, nahm der →*Chor* in der Orchestra zwischen Publikum und Schauspielern Aufstellung. In den →*Komödien* und →*Tragödien* des klassischen griechischen Dramas trugen alle auftretenden Personen eine Maske.

Guckkastenbühnen (engl. proscenium stage), 72-73: diese seit dem Barock allgemein gebräuchliche Bühnenart eignet sich durch ihre schachtelartige Form gut zur Erzeugung eines realistisch anmutenden →*Settings.*

Handlung (engl. plot), 43-44: logisches Ineinanderwirken von unterschiedlichen inhaltlichen Elementen eines Textes, die eine Veränderung der →*Ausgangssituation* bewirken. Im allgemeinen wird die Exposition oder Erläuterung der →*Ausgangssituation* (engl. exposition) durch eine →*Komplikation* (engl. complication oder conflict) gestört, wodurch *Spannung* (engl. suspense) erzeugt wird, die zu einem →*Höhe-* oder *Wendepunkt* (engl. climax, crisis oder turning point) führt. Mit dem Höhepunkt erfolgt die →*Auflösung* der Komplikation (franz. denouement; engl. resolution) und meist das Ende des Textes. Werden diese Elemente des Plots in chronologischer Reihenfolge im Text präsentiert, spricht man von einem →*linearen Handlungsverlauf* bzw. *linear plot.*

Hermeneutik (engl. hermeneutics), 16: traditionelle Bezeichnung für wissenschaftliche Textauslegung oder →*Interpretation.*

Heroisches Drama (engl. heroic drama), 66: im Zeitalter der Restauration beliebte Dramenform, die sich weitgehend am Epos orientiert und versucht, epische Themen dramatisch umzusetzen.

Historischer Roman (engl. historical novel), 40: Untergattung des →*Romans,* die Personen und Handlungen in einen realistisch-historischen Kontext stellt. Dem historischen Roman verwandt ist die als *New Journalism* bezeichnete Richtung in der zweiten Hälfte des 20. Jahrhunderts, die versucht, historische Ereignisse in Romanform zu verarbeiten.

Historisches Drama (engl. history play), 65-66: in der →*Renaissance* entstandene Untergattung des →*Dramas,* die historische Begebenheiten oder Persönlichkeiten dramatisch bearbeitet.

Höhe- oder **Wendepunkt** (engl. climax, crisis oder turning point), 43-44: vorletzte Phase eines →*linearen Plots,* in der die →*Komplikation* in die →*Auflösung* übergeht.

Ich-Erzählsituation (engl. first person narration), 48-49: →*Erzählperspektive,* die das Geschehen aus der Sicht einer handelnden Figur schildert, die auf sich selbst in der ersten Person verweist. Der Erzähler kann entweder der →*Protagonist* oder eine →*Nebenfigur* sein.

Imagismus (engl. imagism), 58: literarische Strömung im frühen 20. Jahrhundert, die →*Lyrik* auf essentielle „Bilder" bzw. images zurückführen will, wobei durch eine konkrete Sprache ohne schmückendes Beiwerk größtmögliche Aussagekraft erzielt werden soll.

Individualisierung, 47: Art der →*Charakterpräsentation,* die komplexe Eigenschaften oder differenzierte Wesenszüge einer Figur darstellt, wobei oft auch von einem →*round character* gesprochen wird; vgl. →*flat character.*

intentional fallacy (etwa „Irrglaube der Autorintention"), 24: wichtiger Begriff des →*New Criticism,* der sich gegen →*Interpretationen* richtet, die versuchen, die ursprüngliche Intention oder Motivation des Autors zu ermitteln und dabei →*werkimmanente* Bereiche eines Textes vernachlässigen; vgl. auch →*affective fallacy.*

internal rhyme, 62: →*Reim,* bei dem sich zwei oder mehr Wörter innerhalb eines Verses reimen; vgl. →*Alliteration* und →*Assonanz.*

interne Methode (engl. internal method), 73-74: Ansatz in der Schauspielausbildung, der von der individuellen Identifikation des →*Schauspielers* mit seiner Rolle ausgeht. Im Gegensatz zur →*externen Methode* ist die Grundvoraussetzung das persönliche Durchleben und die Verinnerlichung von Gefühlen bzw. Situationen, die die Rolle erfordert.

Interpretation (engl. interpretation), 16: Auslegung (→*Hermeneutik*) von literarischen Texten; oft im Gegensatz zur →*Literaturkritik* gesehen.

Jambus (engl. iambus oder iambic foot), 62: →*Versfuß*, bei dem auf eine unbetonte Silbe eine betonte Silbe (˘ ´) folgt; z.B.: "Thĕ cúr | fĕw tólls | thĕ knéll | ŏf pár | tĭng dáy."

Kamerabewegung (engl. camera movement), 79: Veränderung der Position der Kamera während einer →*Einstellung* im →*Film;* vgl. auch →*mise-en-scène.*

Kamerawinkel (engl. camera angle), 79: Neigungswinkel der Kamera in Relation zum aufgenommenen Objekt in einer bestimmten Filmeinstellung; vgl. →*mise-en-scène.*

Kanon (engl. canon), 33: Gesamtheit der als Standardwerke gehandelten →*Texte* in der →*Literaturgeschichte.*

Katharsis (engl. catharsis), 65: griech. „Reinigung"; Begriff aus der aristotelischen Dramentheorie, der der →*Tragödie* einen reinigenden bzw. läuternden Effekt auf das Publikum zuschreibt.

Koloniales Zeitalter (engl. Colonial Age), 85: Zeitalter der Entdeckung und Besiedlung Amerikas vor allem im 17. und 18. Jahrhundert bzw. die vom Puritanismus geprägte literarische und geschichtliche Epoche in den nordamerikanischen Kolonien; vgl. →*Puritanisches Zeitalter.*

Komödie (engl. comedy), 65-66: Untergattung des →*Dramas* mit heiterem, unterhaltsamem Inhalt, die bereits in der Antike reiche Ausformung erfuhr.

Komplikation (engl. complication oder conflict), 43: Phase des →*Plots,* in der die →*Ausgangssituation* gestört wird.

Konkrete Poesie (engl. concrete poetry), 59: Strömung in der →*Lyrik,* die besonders die optische Gestalt eines Gedichtes betont.

kontextorientierte Ansätze (engl. contextual approaches), 31-34: unterschiedliche Strömungen und Schulen, die sich dadurch auszeichnen, daß sie einen literarischen →*Text* nicht als →*werkimmanentes,* für sich allein stehendes Kunstwerk betrachten, sondern es in einen größeren Zusammenhang stellen. Je nach Richtung kann dieser Kontext historisch (z.B. →*New Historicism),* national (z.B. →*Literaturgeschichte),* sozio-politisch (z.B. →*Marxistische Literaturwissenschaft),* generisch (z.B. Gattungstheorie) oder geschlechtsspezifisch (z.B. →*Feministische Literaturwissenschaft)* sein.

Kriminalroman (engl. detective novel), 40: Untergattung des →*Romans,* die rund um die Aufklärung eines Verbrechens angelegt ist und wie die Detektivgeschichte im 19. Jahrhundert eine erste Blüte erfuhr.

kritischer Apparat, 13-14, 98-103: formales Element der →*Sekundärliteratur,* das →*Fußnoten* (engl. notes bzw. footnotes), →*Literaturverzeichnis* (engl. bibliography oder list of works cited) und eventuell einen Schlagwort- oder Personenindex (engl. index) umfassen kann.

Kurzgeschichte (engl. short story), 41-42: Untergattung der →*Prosa*, deren historische Wurzeln auf Geschichten (engl. tales), Sagen und Märchen zurückgehen. Indirekte Vorbilder sind die großen mittelalterlichen und frühneuzeitlichen Sammlungen von Erzählungen. Formal unterscheidet sich die Kurzgeschichte vom →*Roman* durch knappen Umfang, selektive Gestaltung des →*Plots* und →*Settings*, weniger differenzierte →*Charakterpräsentation* und einfache →*Erzählperspektive*.

Lautmalerei (engl. onomatopoeia), 61: Versuch in der →*Lyrik*, die Bedeutung eines Wortes auch mit Hilfe seiner akustisch-klanglichen Dimension zu unterstützen.

Lesedrama (engl. closet drama), 66: stilisierte, nicht zur →*Aufführung* bestimmte Art des →*Dramas*.

leserorientierte Ansätze (engl. reader-centered approaches), 29-31: literaturwissenschaftliche Richtung in der zweiten Hälfte des 20. Jahrhunderts, deren Hauptaugenmerk auf der Wechselwirkung zwischen →*Text* und Leserschaft liegt. Zu den wichtigsten Gruppen und Schulbildungen des auch als →*Rezeptionstheorie* (engl. reception theory) bezeichneten Ansatzes gehören Reader-Response-Theorie (engl. reader-response theory), Rezeptionsästhetik (engl. reception-aesthetic) und →*Rezeptionsgeschichte* (engl. reception history).

linearer Handlungsverlauf (engl. linear plot), 43: →*Handlung*, in der die klassischen Phasen des →*Plots* (→*Ausgangssituation*, →*Komplikation*, →*Höhepunkt*, →*Auflösung*) chronologisch aufeinanderfolgen.

Literatur (engl. literature), 9-12: Oberbegriff für die Gesamtheit schriftlichen Ausdrucks; vgl. →*Primär-* und →*Sekundärliteratur*.

Literaturgeschichte (engl. literary history), 31, 83-88: →*kontextorientierte Richtung*, die sich hauptsächlich mit der chronologischen und periodischen Einteilung literarischer Werke befaßt. Es geht um die Datierung und Zuordnung von Texten, aber auch um den Nachweis gegenseitiger Einflüsse bestimmter literarischer Werke. Diese Richtung ist der Geschichtswissenschaft verpflichtet und orientiert sich an deren Methodik.

Literaturkritik (engl. literary criticism), 35-37: in älterer englischsprachiger Literatur wird der Begriff meist gleichbedeutend mit →*Literaturwissenschaft* als Praxis der →*Interpretation* von Texten verwendet; neuerdings wird unter Literaturkritik eigentlich die wertende Auseinandersetzung mit Texten in Form von Buchbesprechungen oder →*Rezensionen* verstanden.

Literaturtheorie (engl. literary theory oder critical theory), 16-17: wissenschaftstheoretische und methodologische Grundlagen der →*Literaturwissenschaft*, die je nach Ansatz oder Schule oft sehr unterschiedliche Herangehensweisen an Texte besitzen; vgl. →*text-*, →*autor-*, →*leser-* und →*kontextorientierte Ansätze*.

Literaturverzeichnis (engl. bibliography oder list of works cited), 13, 98-103: alphabetisch geordnete Auflistung der verwendeten →*Primär-* und →*Sekundärliteratur* in einer wissenschaftlichen Arbeit.

Literaturwissenschaft (engl. literary criticism) 9: systematische, wissenschaftliche Auseinandersetzung mit literarischen Texten; vgl. auch →*Literaturtheorie* und →*Literaturkritik*.

Marxistische Literaturwissenschaft (engl. Marxist literary theory), 31: →*kontextorientierte Richtung,* die auf der Grundlage der Schriften von Karl Marx (1818-1883) und anderer marxistischer Theoretiker basiert. Literarische Texte werden als Ausdruck ökonomischer, soziologischer und politischer Hintergründe analysiert, wobei Produktionsbedingungen in bestimmten Epochen auf ihren Einfluß auf die literarischen Arbeiten dieser Zeit hin untersucht werden.

Metafiktion (engl. metafiction), 21: „Schreiben über das Schreiben"; Betonung des eigenen Mediums in einem literarischen Text, um über erzähltechnische Elemente wie Sprache, Erzählstruktur und Handlungsverlauf zu reflektieren; Hauptmerkmal des →*Postmodernismus.*

Metapher (engl. metaphor), 56-57: →*rhetorische Figur,* die ein Ding mit einem anderen gleichsetzt und *nicht* vergleicht (z.B. "My love *is* a red, red rose"); vgl. →*Simile.*

Metrum oder **Versmaß** (engl. meter), 62-63: akustisch-rhythmische Dimension von →*Lyrik,* die auf Silben (engl. syllables) als kleinste Elemente zurückgeführt werden kann. Je nach Abfolge von betonten und unbetonten Silben spricht man von verschiedenen →*Versfüßen* (engl. foot bzw. feet), deren Anzahl Aufschluß über das Versmaß oder Metrum gibt. Will man das Metrum eines Verses beschreiben, wird der Name des →*Versfußes* und die Anzahl der Versfüße angegeben (z.B. jambischer Pentameter oder fünfhebiger Jambus).

mise-en-scène, 79: filmtechnischer Oberbegriff für die unterschiedlichen Elemente des Bildaufbaus, die unter anderem Kameraentfernung, →*Kamerawinkel* und -objektive, →*Beleuchtung,* Bildausschnitt und Bildebenen, sowie die Positionierung von Personen und Objekten innerhalb des Bildes umfassen können. Im Gegensatz dazu basiert die →*Montage* auf der Beziehung zwischen verschiedenen →*Einstellungen.*

Miszelle (engl. note), 12-13: aufsatzähnliche Notiz in einer wissenschaftlichen Zeitschrift, die eine sehr eingegrenzte Fragestellung in wenigen Absätzen behandelt; vgl. →*Sekundärliteratur.*

Mittelenglische Periode (engl. Middle English Period), 84: sprach- und literaturgeschichtliche Epoche, die mit der Eroberung Englands durch die französischsprechenden Normannen im 11. Jahrhundert bis ins ausgehende 15. Jahrhundert angesetzt wird; zu den dominanten Gattungen zählen →*Romanze* und Tale.

Modernismus (engl. modernism), 86-87: literatur- und kulturgeschichtliche Epoche in den ersten Jahrzehnten des 20. Jahrhunderts, die als Reaktion auf die realistischen Strömungen des späten 19. Jahrhunderts zu verstehen ist. Waren →*Realismus* und →*Naturalismus* vor allem um eine naturgetreue Abbildung der Wirklichkeit in der Literatur bemüht, wendet sich der Modernismus verstärkt innovativen Erzählstrukturen und →*Erzählperspektiven* (z.B. →*stream of consciousness)* sowie neuen literarischen Ausdrucksformen zu.

Monographie (engl. monograph oder book-length study), 12-13: wissenschaftliche Buchpublikation (→*Sekundärliteratur)* zu einem spezifischen Thema, Werk oder Autor.

Monolog (engl. monologue oder soliloquy), 67: meist längere Rede auf der Bühne, die nicht wie der →*Dialog* an einen direkten Partner gerichtet ist; eine Sonderform ist das →*aside,* wodurch eine Figur auf der Bühne Information an das Publikum weitergibt, die nicht für die anderen Bühnenfiguren zugänglich ist.

Montage (engl. montage), 80: Schnittechnik, wodurch im →*Film* ähnliche Effekte (z.B. übertragene Bedeutungen) erzielt werden können wie in der Literatur durch den Einsatz der →*rhetorischen Figuren* →*Metapher* und →*Simile;* vgl. auch →*mise-en-scène.*

Mysterienspiel (engl. mystery und miracle play), 65: mittelalterliche dramatische Form, die religiös-allegorische oder biblische Themen in Form von Theaterspielen zur Aufführung am Kirchplatz adaptierte; neben den römischen →*Dramen* der Antike übte diese →*Gattung* Einfluß auf die Wiederbelebung des Dramas in der →*Renaissance* aus.

mythologischer Ansatz (engl. myth criticism), 22: literaturtheoretischer Ansatz, der mythologischen Tiefenstrukturen literarischer Texte nachgeht und diese als Grundlage der →*Interpretation* heranzieht; vgl. auch →*archetypischer Ansatz.*

Naturalismus (engl. Naturalism), 86: literarische Strömung des ausgehenden 19. Jahrhunderts, die die determinierende Auswirkung sozialer und umweltbedingter Einflüsse auf Figuren eines Textes möglichst getreu darzustellen versucht; vgl. →*Realismus.*

Nebenfigur (engl. minor character), 47-48: Figur in einem literarischen Text, die im Gegensatz zum →*Protagonisten* nicht im Mittelpunkt der →*Handlung* steht; vgl. →*Charakter.*

New Criticism (engl. New Criticism), 23-24: einer der bedeutendsten anglo-amerikanischen →*textorientierten Ansätze* in der Mitte des 20. Jahrhunderts; unterscheidet →*Interpretation* von Quellenarbeit, sozio-historischen Hintergrundstudien, Motivgeschichte, aber auch von →*autorzentrierten* biographischen oder psychologischen Ansätzen und →*Rezeptionsforschung,* um so die →*Literaturwissenschaft* von extrinsischen (außertextlichen) Faktoren zu befreien und das Hauptaugenmerk auf den literarischen Text zu verlagern; vgl. auch →*Strukturalismus;* →*affective fallacy,* →*intentional fallacy* und →*close reading.*

New Historicism (engl. New Historicism), 31-32: neuer →*kontextorientierter Ansatz,* der auf →*Poststrukturalismus* bzw. →*Dekonstruktion* aufbaut, jedoch versucht, historische Dimensionen in die Besprechung literarischer Werke miteinfließen zu lassen oder eine strukturelle Ähnlichkeit von literarischen und historischen →*Diskursen* voraussetzt.

Novelle (engl. novella oder novelette), 42: mittellange Prosagattung, die aufgrund ihres Umfangs und erzähltechnischer Elemente weder →*Roman* noch →*Kurzgeschichte* eindeutig zuordenbar ist.

Ode (engl. ode), 54: ein aus mehreren Strophen bestehendes Gedicht, das ein ernstes, meist klassisches Thema zum Inhalt hat; vgl. auch →*Lyrik.*

personale Erzählsituation (engl. figural narrative situation), 49-50: Erzählung in der dritten Person, in welcher der Erzähler gänzlich zurücktritt, so daß der Leser sich ohne wertende oder beeinflussende Kommentare aus dem Blickwinkel einer beteiligten Figur mit der →*Handlung* konfrontiert glaubt; vgl. auch →*Erzählperspektive.*

Philologie (engl. philology), 18-19: unter diesem Begriff wird hier ein Phänomen in der traditionellen →*Literaturwissenschaft* zusammengefaßt, das sich besonders mit „materiellen" Aspekten von Texten wie Problemen der Manuskriptedition, Textbewahrung und Textrekonstruktion beschäftigt.

Picaroroman bzw. **Schelmenroman** (engl. picaresque novel), 40: Untergattung des →*Romans,* die von den Erfahrungen eines umherziehenden Schelms (spanisch „picaro") erzählt, der meist mit den sozialen Normen der Gesellschaft in Konflikt gerät. In einer episodischen Erzählstruktur versucht der Schelmenroman, soziale und gesellschaftliche Ungerechtigkeiten auf satirische Weise bloßzustellen.

Postcolonial Literature, 87-88: auch als Commonwealth Literatures, Literatures in English oder anglophone Literaturen bezeichnete Texte aus ehemals britisch dominierten Gebieten der Karibik, Afrikas oder Indiens, die in das Interesse der zeitgenössischen Literaturwissenschaft gerückt sind.

Postmodernismus (engl. postmodernism), 87: literatur- und kulturgeschichtliche Strömung in der zweiten Hälfte des 20. Jahrhunderts, in der Anliegen des →*Modernismus* bezüglich innovativer Erzähltechniken und Gestaltung des →*Plots* wieder aufgenommen und auf akademische, oft formelhafte Art umgesetzt werden; vgl. auch →*Metafiktion.*

Poststrukturalismus (engl. poststructuralism), 25-27: neueste Richtungen der →*textorientierten Ansätze,* die auf den älteren Schulen des →*Strukturalismus* und →*Formalismus* aufbauen, deren Ansätze aber neu adaptieren; vgl. →*Semiotik* und →*Dekonstruktion.*

Prager Strukturalismus (engl. Prague School of Structuralism), 21: Schule des →*Strukturalismus* in der ersten Hälfte des 20. Jahrhunderts, die sich wie →*Russischer Formalismus,* →*New Criticism* und →*Poststrukturalismus* durch die weitgehende Ausklammerung inhaltlicher Fragen und einer Betonung der formal-strukturellen Dimension eines Textes auszeichnet.

Primärliteratur (engl. primary source), 12-14: Oberbegriff für literarische Werke unterschiedlicher →*Gattungen* in Abgrenzung zu literaturwissenschaftlichen Auseinandersetzungen (→*Sekundärliteratur).*

Prosa (engl. fiction oder prose), 38-52: genauer eigentlich erzählende Prosa. In der älteren Literatur wird dafür auch der Begriff Epik zur Abgrenzung der literarischen Formen →*Kurzgeschichte,* →*Roman* und →*Essay* gegenüber →*Drama* und vor allem →*Lyrik* verwendet.

Protagonist (engl. protagonist oder main character), 48: zentrale handlungstragende Figur eines literarischen Textes; vgl. →*Charakter* und →*Nebenfigur.*

Psychoanalytische Literaturwissenschaft (engl. psychoanalytic literary criticism), 28-29: literaturwissenschaftliche Richtung, die Methoden aus der Psychoanalyse Sigmund Freuds (1856-1939) auf literarische Werke anwendet, wobei sowohl Texte auf die psychologischen Spuren des Autors hin analysiert als auch literarische →*Charaktere* ähnlich wie reale Personen in der Psychoanalyse untersucht werden; vgl. →*archetypischer Ansatz.*

Puritanisches Zeitalter (engl. Puritan Age), 85: religiös motivierte Strömung, die in England den Zeitraum von 1649-1660 umfaßt. Der Begriff wird aber auch für das →*Koloniale Zeitalter* Amerikas im 17. und 18. Jahrhundert bzw. die vom Puritanismus geprägten literarischen Texte der Kolonien benutzt.

„Randgruppen"-Literaturen (engl. "minority" literatures) 87: literatur- und kulturgeschichtliche Strömung des ausgehenden 20. Jahrhunderts, die von geschlechtlichen (Frauen, Homosexuellen und Lesben) und ethnischen (African-American, Chicanos und Chicanas etc.) „Minderheiten" (d.h. marginalisierten Gruppen) getragen wird.

räumliche Dimension des Films, 78-80-: darunter wird eine Vielzahl von Aspekten wie →*Filmmaterial,* →*Beleuchtung,* →*Kamerawinkel,* →*Kamerabewegung,* →*point of view,* →*Schnitt* und →*Montage* zusammengefaßt; vgl. auch →*mise-en-scène.*

Realismus (engl. realism), 86: einerseits literaturhistorische Epochenbezeichnung für Werke des ausgehenden 19. Jahrhunderts, die „Realität" in Sprache so „wirklichkeitsgetreu" wie möglich umsetzen wollen; andererseits genereller Begriff für wirklichkeitsnahe Repräsentation in der Literatur. Der verwandte Begriff →*Naturalismus* bezeichnet Werke des ausgehenden 19. Jahrhunderts, die die determinierende Auswirkung sozialer und umweltbedingter Einflüsse auf Charaktere möglichst getreu darzustellen versuchen.

Regie (engl. directing), 69-73: vermittelnde Ebene des →*Dramas* (und →*Films)* zwischen →*Text* und →*Aufführung,* die jene konzeptionellen Schritte umfaßt, die dem Publikum nicht direkt zugänglich sind, aber alle Elemente der Aufführung durchdringen. Neben vielen anderen Aspekten konzentriert sich die Regie auf Auswahl des Skripts, Besetzung, Akzentuierung des Stücks, Requisiten (engl. properties oder props), →*Beleuchtung* (engl. lighting) und Bühnendesign (engl. scenery) sowie Einübung der Rollen.

Reim (engl. rime oder rhyme), 62-64: klanglich-rhythmische Dimension eines Gedichtes, die im Englischen generell →*internal rhyme,* →*end rhyme* und →*eye rhyme* umfaßt. Zu den →*internal rhymes* zählen →*Alliteration* und →*Assonanz.* Das häufigere Reimschema in modernen Gedichten ist der →*Endreim* (engl. end rhyme), der sich dadurch auszeichnet, daß die Silben am Ende bestimmter Verszeilen identisch sind. Der →*eye rhyme* hingegen spielt mit der gleichen Schreibweise und der verschiedenen Aussprache von Wörtern oder Silben.

Renaissance (engl. Renaissance), 84-85: literatur- und kulturgeschichtliche Periode vom 16. bis ins 17. Jahrhundert, die in der Linguistik als frühneuenglische Epoche bezeichnet, oft aber auch nach den jeweiligen Herrschern wie z.B. in Elizabethan oder Jacobean Age unterteilt wird. Die Gattung →*Drama* erfährt hier ihre erste Blüte in der Neuzeit; vgl. auch →*Elisabethanisches Theater.*

Rezeptionsgeschichte (engl. reception history), 30: →*leserorientierter Ansatz,* der sich mit der Rezeption bzw. Aufnahme eines Werkes durch die Leserschaft auseinandersetzt. Verkaufszahlen von Werken, Rezensionen oder Besprechungen in Zeitschriften und wissenschaftlichen Journalen werden herangezogen, um sowohl synchrone (innerhalb einer Epoche)

Aspekte der Leserreaktion zu betrachten als auch Veränderungen und Entwicklungen in der Rezeption von Texten in Form einer diachronen (historisch vergleichenden) Analyse zu berücksichtigen.

Rezeptionstheorie (engl. reception theory), 29-30: oft auch als Rezeptionsästhetik (engl. reception aesthetic) oder Reader-Response-Theorie (engl. reader-response theory) bezeichnete Ansätze, die in der Textinterpretation primär vom Leser ausgehen. Mit der Betonung des Effekts eines Werkes auf den Rezipienten (Leser) wendet sich diese Richtung gegen →*werkimmanente* oder →*strukturalistische* Richtungen; vgl. →*leserorientierter Ansatz.*

Rhetorik (engl. rhetoric), 19-20: auf die Antike zurückgehender, praxisorientierter Vorläufer der modernen →*textorientierten Ansätze.* Als Vermittler von Leitsätzen des guten Sprechens bot die Rhetorik für jede Phase der Texterstellung fixe Regeln an: die *inventio* (Finden von Themen), die *dispositio* (Ordnung des Materials), die *elocutio* (Ausformulierung unter Zuhilfenahme von rhetorischen Figuren), die *memoria* (Technik der Erinnerung des Vortrags) und die *actio* (Vortrag).

rhetorische Figuren (engl. rhetorical figures bzw. figures of speech), 56-57: Vielzahl von klassifizierten, stilistischen Formen, die Sprache in „nichtwörtlicher" Bedeutung verwenden; vgl. →*Metapher,* →*Simile,* →*Symbol.*

Roman (engl. novel), 39-40: Untergattung der →*Prosa,* die (nach traditioneller Ansicht) in England im 18. Jahrhundert entstanden ist und deren Vorläufer auf antik-mittelalterliche Formen des →*Epos* und der →*Romanze* zurückgehen. Strukturell unterscheidet sich der Roman von den genannten epischen Formen durch eine differenziertere →*Charakterpräsentation,* komplexere →*Erzählperspektiven,* Betonung von →*Realismus* und durch eine ausgefeiltere Gestaltung des →*Plots.*

Romanze (engl. romance), 41: Vorform des modernen →*Romans,* die in der Antike meist in →*Prosa,* im Mittelalter hingegen in Versform abgefaßt war. Durch den gezielten Einsatz von →*Erzählperspektive* und Gestaltung des →*Plots* gilt die Romanze trotz Versform als direkter Vorläufer des →*Romans.* War das traditionelle →*Epos* in der Regel weit ausholend (epische Breite), ging die Romanze neue Wege, indem die →*Handlung* gestrafft und auf ein Ziel hin gerichtet wurde.

Romantik (engl. Romanticism), 85: literaturgeschichtliche Strömung der ersten Hälfte des 19. Jahrhunderts, die auch in der amerikanischen Literatur mehr oder weniger parallel zur englischen aufgegriffen und praktiziert wird. Die sehr rigiden klassizistischen Formen der Literatur des →*achtzehnten Jahrhunderts* wurden in der Romantik zugunsten einer Betonung des Emotionalen und Mysteriösen aufgegeben. In Amerika überschneidet sich die Romantik weitgehend mit der Strömung des →*Transzendentalismus.*

round character, 44-45: Figur mit komplexen Eigenschaften oder differenzierten Wesenszügen; diese →*Charakterpräsentation* wird oft auch als →*Individualisierung* bezeichnet; vgl. →*flat character.*

Rückblende (engl. flashback), 43: Mittel zur Gestaltung des →*Plots,* um Information aus der Vergangenheit in die laufende Handlung einzubringen; vgl. →*Vorwegnahme.*

Russischer Formalismus, 21-22: Schule des →*Formalismus* bzw. →*Strukturalismus* in der ersten Hälfte des 20. Jahrhunderts, die sich wie →*Prager Strukturalismus*, →*New Criticism* und →*Poststrukturalismus* durch die weitgehende Ausklammerung inhaltlicher Fragen und einer Betonung der formal-strukturellen Dimension eines Textes auszeichnet.

Sammelband (engl. collection of essays oder anthology), 12: meist von einem oder mehreren Herausgebern (engl. editors) zu einem bestimmten Thema zusammengestellte und publizierte Aufsätze. Wird ein solcher Sammelband zu Ehren eines bekannten Wissenschaftlers herausgegeben, spricht man von einer sogenannten Festschrift (engl. meist auch festschrift).

Satirischer Roman (engl. satirical novel), 40: Untergattung des →*Romans*, die durch Übertreibung sozialer Konventionen auf Schwächen der Gesellschaft hinweisen will.

scansion, 61: englischsprachiger Fachterminus für die Unterteilung eines Verses in betonte und unbetonte Silben bzw. Einteilung in →*Versfüße*.

Schauerroman (engl. gothic novel), 40: Untergattung des →*Romans* mit unheimlich-übernatürlichem →*Setting*, die sich besonders im 19. Jahrhundert großer Beliebtheit erfreute.

Schauspieler (engl. actor), 73-75: in der →*Aufführung* als letzter Phase des →*Dramas* liegt der Schwerpunkt vorwiegend auf dem Schauspieler, der als Medium die kombinierten Anliegen des Autors und des Regisseurs vermittelt. In der Schauspielausbildung unterscheidet man zwischen der →*internen Methode*, d.h. auf den individuellen Eigenschaften des Schauspielers aufbauenden und der technikbetonten →*externen Methode*.

Schlußparagraph (engl. concluding paragraph), 96-97: letzter Absatz einer wissenschaftlichen Arbeit, der die wichtigsten Punkte der Arbeit kurz zusammenfaßt, um so die Ergebnisse dem Leser noch einmal in Erinnerung zu rufen.

Schnitt (engl. editing), 80: nachträgliches Zusammenfügen gefilmten Materials; vgl. auch →*Montage*.

Sekundärliteratur (engl. secondary source), 12-14: wissenschaftliche Auseinandersetzung (z.B. →*Aufsätze*, →*Rezensionen*, →*Monographien)* mit literarischen Texten bzw. →*Primärliteratur*.

Semiotik (engl. semiotics), 25-27: „Zeichenlehre"; eine der jüngsten Richtungen der →*textorientierten Ansätze*, die →*Text* als Gewebe von sich gegenseitig bedingenden →*Zeichen* auffaßt und den Textbegriff auch auf nichtsprachliche Zeichensysteme (→*Film*, Malerei, Mode, Geographie etc.) ausdehnt. Die Grundlage für diese komplexe Theoriebildung ist das Sprachmodell des Genfer Linguisten Ferdinand de Saussure (1857-1913), das zwischen →*Signifikant* und →*Signifikat* unterscheidet; vgl. auch →*Dekonstruktion*.

Setting (engl. setting), 50-52: umfaßt Schauplatz, d.h. Örtlichkeit, historische Zeit und soziale Umstände, in denen die Handlung eines Textes spielt. Das Setting wird normalerweise vom Autor bewußt gewählt, um Handlung bzw. →*Plot*, →*Charaktere* und →*Erzählperspektive* indirekt zu unterstützen.

Signifikant (engl. signifier) siehe →*Signifikat*

Signifikat (engl. signified), 25: der Linguist Ferdinand de Saussure (1857-1913) teilt Sprache in zwei grundlegende Bereiche ein, indem er das vorsprachliche oder übersprachliche Konzept (z.B. die Vorstellung von einem Baum) als Signifikat (engl. signified) und die sprachliche Manifestation dieses Konzeptes (Laut- oder Buchstabenfolge „B-A-U-M") als Signifikant (engl. signifier) bezeichnet; vgl. →*Semiotik* und →*Dekonstruktion.*

Simile (engl. simile), 56: →*rhetorische Figur,* die zwei verschiedene Dinge vergleicht, die durch "like", "than", "as" oder "compare" verbunden sind (z.B. "Oh, my love is *like* a red, red rose"); vgl. auch →*Metapher.*

Sonett (engl. sonnet), 63-64: Gedichtform mit vorgegebenem →*Reimschema,* die bevorzugt zur Behandlung des Themas „weltliche Liebe" verwendet wird; je nach Reimschema und Art der →*Strophe* wird zwischen Shakespearean, Spenserian und Italian bzw. Petrarchan sonnet unterschieden. Das →*English sonnet* oder →Shakespearean sonnet besteht aus drei quatrains und einem couplet. Das →*Metrum* (jambische Pentameter) der insgesamt 14 Verszeilen folgt dem Reimschema *abab cdcd efef gg.*

Stilistik (engl. stylistics), 19-20: →*textorientierter Ansatz* zur Beschreibung stilistischer Eigenheiten von Autoren, Werken oder Nationalliteraturen unter Berücksichtigung grammatikalischer Strukturen (Wortschatz, Satzbau), klanglicher Elemente (Sprachmelodie) und übergreifender Formen (→*rhetorische Figuren)* von Texten.

stream of consciousness technique, 49-50: englischsprachiger Fachterminus für innenperspektivische Darstellung, in der eine Person einzig durch ihre Gedanken ohne Kommentare eines Erzählers charakterisiert wird. Diese Form der Präsentation, in der unterbewußte Gedankengänge einer Person dargestellt werden, hat sich vor allem zu Beginn des 20. Jahrhunderts unter dem Einfluß der Psychoanalyse entwickelt; verwandte Formen sind der innere Monolog (engl. interior monologue) und die erlebte Rede (engl. free indirect discourse).

Strophe (engl. stanza), 63-64: Teil eines Gedichtes, der sich aufgrund der Anzahl der Verse bzw. deren →*Metrum* und →*Reim* klassifizieren und auf einige Grundformen reduzieren läßt. Durch die Kombination von couplet (2 Verse), tercet (3 Verse) und quatrain (4 Verse) werden die meisten Gedichtformen gebildet. Das beste Beispiel für den bausteinartigen Aufbau ist das →*Sonett* (engl. sonnet).

Strukturalismus (engl. structuralism), 20-23: →*textorientierter Ansatz,* der sich ähnlich wie der →*Formalismus* in der →*Interpretation* formal-struktureller Aspekte (→*werkimmanente* Methode) eines Textes bedient und bewußt historische, soziologische, biographische oder psychologische Dimensionen des literarischen →*Diskurses* vernachlässigt. Es werden z.B. phonetische Strukturen, Rhythmus, →*Reim,* →*Metrum* und Ton als eigenständige bedeutungstragende Elemente analysiert. Wichtige Schulen sind der →*Russische Formalismus* und der →*Prager Strukturalismus* in der ersten Hälfte des 20. Jahrhunderts. Im anglo-amerikanischen Raum hat sich der →*New Criticism* als verwandte Richtung entwickelt; vgl. auch →*Semiotik* und →*Dekonstruktion.*

Symbol (engl. symbol), 56: Verweise auf „Objekte“ in einem literarischen Werk, deren Bedeutung über das Materielle hinausgeht. Man unterscheidet zwischen einem allgemein anerkannten Symbol (engl. conventional symbol) oder einem vom Dichter selbst kreierten Symbol (engl. private symbol).

Szene (engl. scene), 68: Unterteilung eines →*Aktes* im →*Drama.*

Text (engl. text), 9-10: meist mit →*Literatur* gleichbedeutend verwendeter Begriff, der jedoch in der neueren Forschung oft auch auf nichtsprachliche →*Zeichensysteme* (Mode, →*Film,* Geographie etc.) angewendet wird; vgl. →*Textsorte,* →*Diskurs* und →*Gattung.*

textorientierte Ansätze (engl. textual approaches), 18-27: →*literaturtheoretische* Positionen oder Schulen, die sich durch Betonung der „textlichen Ebenen“ von Literatur auszeichnen (→*werkimmanente Ansätze*); außertextliche (extrinsische) Faktoren bezüglich Autor (Biographie, Gesamtwerk), Publikum (Klasse, Geschlecht, Alter, ethnische Zugehörigkeit, Bildung) oder Kontext (historische, soziale oder politische Umstände) werden bewußt ausgeklammert. →*Philologie,* →*Rhetorik* und →*Stilistik* sowie die formalistisch-strukturalistischen Schulen des →*Russischen Formalismus,* →*Prager Strukturalismus,* →*New Criticism,* der →*Semiotik* und →*Dekonstruktion* können zu den textorientierten Ansätzen gezählt werden.

Textsorte (engl. text type), 11-12: aus der Sprachwissenschaft kommender Begriff zur Klassifizierung spezifischer Formen von (meist schriftlicher) Sprachpraxis, die nicht unbedingt literarischer Natur im engen Wortsinn sein müssen; z.B. →*Primär-,* →*Sekundärliteratur,* Gebrauchs-, Werbetexte, Bedienungsanleitungen; vgl. auch →*Gattung* und →*Diskurs.*

thesis statement, 93-95: jener Teil des →*Einleitungsparagraphen* einer wissenschaftlichen Arbeit, der kurz das spezifische Thema der Arbeit umreißt und darüber informiert, wie das Thema angegangen wird, d.h. welche Methodik in der Analyse zur Anwendung kommt und welche Aspekte des Themas in welcher Reihenfolge präsentiert werden.

topic statement, 95-96: jener Teil eines Absatzes innerhalb einer wissenschaftlichen Arbeit, der die Sinneinheit des jeweiligen Paragraphen kurz umreißt; vgl. →*thesis statement.*

Tragödie (engl. tragedy), 65: Untergattung des →*Dramas,* die ernste, tragische Themen behandelt und bereits in der Antike ihre erste Blüte erfuhr.

Transzendentalismus (engl. Transcendentalism), 86: kultur- und literaturgeschichtliche Strömung der ersten Hälfte des 19. Jahrhunderts; etablierte sich in den USA unter dem Einfluß der Naturbegeisterung der →*Romantik* und des deutschen Idealismus als wichtigste, von England unabhängige, bodenständige Strömung.

Trochäus (engl. trochee oder trochaic foot:), 62: →*Versfuß,* bei dem auf eine betonte Silbe eine unbetonte Silbe (´ ˘) folgt; z.B.: “Thére thĕy | áre, mў | f´ftў | mén ănd | wómĕn.”

Typisierung, 44: →*Charakterpräsentation* einer Figur durch *eine* dominante Eigenschaft; eine solche Figur wird auch als →*flat character* bezeichnet; vgl. →*round character.*

Utopischer Roman (engl. utopian novel bzw. science-fiction), 40: Untergattung des →*Romans,* die alternative Welten entwirft, um dadurch reale sozio-politische Zustände bewußt zu machen und zu kritisieren.

Verfremdung (engl. defamiliarization), 21-22: erzähltechnisches Stilmittel zur Bewußtmachung literarischer Konventionen; vgl. →*Metafiktion.*

Versfuß (engl. foot), 61: Je nach Abfolge von betonten und unbetonten Silben kann im Englischen zwischen vier wichtigen Versfüßen unterschieden werden: 1. →*Jambus* (engl. iambus): auf eine unbetonte folgt eine betonte Silbe (˘ ´); 2. →*Anapest* (engl. anapest): auf zwei unbetonte folgt eine betonte Silbe (˘ ˘ ´); 3. →*Trochäus* (engl. trochee): auf eine betonte folgt eine unbetonte Silbe (´ ˘); 4. →*Daktylus* (engl. dactyl): auf eine betonte folgen zwei unbetonte Silben (´ ˘ ˘).

Vorwegnahme (engl. foreshadowing), 43: Mittel zur Gestaltung des →*Plots,* um Information aus der Zukunft in die laufende Handlung einzubringen; vgl. →*Rückblende.*

Wechsel der Erzählsituation, 50: erzähltechnisches Mittel, um inhaltliche Aspekte der →*Handlung* auf formaler Ebene zu betonen; vgl. auch →*Erzählperspektive.*

werkimmanente Ansätze (engl. intrinsic approach), 18: Interpretationsansätze, die bewußt außertextliche Fakoren wie biographische Information zum Autor oder historischen Hintergrund aus der Analyse ausklammern und sich ausschließlich auf Elemente des →*Textes* konzentrieren; vgl. auch →*textorientierte Ansätze.*

Zeichen (engl. sign), 25-27: bedeutungstragendes Element eines Zeichensystems bzw. →*Textes;* vgl. →*Semiotik.*

Zeigen (engl. showing), 46-47: diese →*Präsentationsmethode* suggeriert dem Leser, daß die agierenden Personen durch ihre Handlungen und Aussagen im →*Text* ohne zwischengeschalteten Kommentator ähnlich wie im →*Drama* wahrnehmbar sind.

zeitliche Dimension des Films, 80-81: umfaßt Aspekte wie Zeitlupe, Zeitraffer, erzählte Zeit, Filmlänge, →*Rückblende* und →*Vorwegnahme.*

Zitat (engl. quotation), 13, 98: direkt übernommene Textpassage aus einem anderen →*Primär-* oder →*Sekundärwerk.*

Register

Personen und Werke

Schlagworte

In der Reihe Einführungen Anglistik sind zuletzt erschienen:

Fauser, Markus
Einführung in die Kulturwissenschaft
2003. 172 S., kart.
ISBN 3-534-15913-6

Fischer, Roswitha
Tracing the History of English
2003. 149 S., kart.
ISBN 3-534-15135-6

Geisenhanslüke, Achim
Einführung in die Literaturtheorie
2003. 160 S., kart.
ISBN 3-534-15905-5

Müller, Kurt
Ernest Hemingway
Der Mensch – Der Schriftsteller – Das Werk
1999. VI, 193 S., kart.
ISBN 3-534-12341-7

Keitel, Evelyne
Kriminalromane von Frauen für Frauen
1998. VII, 220 S., kart.
ISBN 3-534-13046-4

Mair, Christian
Einführung in die anglistische Sprachwissenschaft
1997. V, 122 S. mit 2 Abb., kart.
ISBN 3-534-12970-9

Die Reihe wird fortgesetzt.